Marie-C...

Thés, tisanes et infusions

Ces boissons qui font du bien

CAR
ACT
ERE

Conception de la couverture : Bruno Paradis
Mise en pages : Bruno Paradis
Révision : Fleur Neesham
Correction d'épreuves : Richard Bélanger

Imprimé au Canada

ISBN : 978-2-89642-564-8

Dépôt légal – Bibliothèque et Archives nationales du Québec, 2012
© 2012 Éditions Caractère

Les éditions Caractère remercient le gouvernement du Québec – Programme de crédit
d'impôt pour l'édition de livres – Gestion SODEC

Les Éditions Caractère reconnaissent l'aide financière du gouvernement du Canada
par l'entremise du Fonds du livre du Canada pour ses activités d'édition.

Visitez le site des Éditions Caractère
editionscaractere.com

Table des **matières**

Présentation

Q ui ne ressent pas, lorsqu'il hume son chocolat chaud, la réconfortante chaleur du foyer familial ? Qui ne se revoit pas, enfant et le bout du nez rougi par le froid hivernal, attablé devant cette douceur chocolatée ? Il est vrai que les boissons chaudes ont un je-ne-sais-quoi de réconfortant. Plusieurs d'entre elles sont préparées par infusion et elles détiennent de nombreuses propriétés médicinales. Pas surprenant qu'elles fassent partie de l'histoire de presque toutes les cultures.

L'infusion est, encore aujourd'hui, la boisson la plus consommée mondialement. Plusieurs cultures ancestrales ont fait du thé la boisson bue à toute heure du jour. La Chine et le Japon en sont des exemples éloquents, même si ce dernier transforme aujourd'hui beaucoup cette boisson (en thé aromatisé, embouteillé et consommé froid, par exemple) et a quelque peu perdu le sens du rituel. En Angleterre, bien qu'il ait pris de nouvelles formes, le *five o'clock tea* reste toujours bien ancré dans les mœurs. Il est un moment privilégié dans la journée des Anglais et établit un pont entre le boulot et la maison. Le traditionnel thé de l'après-midi, même s'il ne se prend plus nécessairement à cinq heures, permet aux Britanniques de décrocher du travail, de bavarder entre amis et de grignoter, question de tenir le coup jusqu'au souper. La Russie et les pays du Maghreb sont également de grands consommateurs de thé. Là aussi, cette boisson réconfortante est synonyme de convivialité et d'un certain « art de vivre ».

Dans certains pays, par contre, on apprécie davantage l'infusion pour son côté pratique que pour le plaisir de la dégustation. Dans plusieurs régions du globe, où les systèmes d'assainissement des eaux font défaut, par exemple, on est tenu de faire bouillir l'eau avant de la consommer. À cette eau bouillie, les gens ajoutent thé, herbes et épices afin de la rendre plus agréable au goût. Cette infusion devient donc la boisson usuelle.

Reste aussi le simple plaisir de se reposer et de savourer une bonne tasse de thé, de tisane ou d'une autre infusion. Ces boissons réchauffent le cœur, enchantent les papilles, reposent le corps et l'esprit. Elles nous obligent à nous arrêter un moment et à nous recentrer, à ralentir cet incessant tourbillon qui nous fait trop souvent nous éparpiller. Moments intimes que l'on garde égoïstement pour soi ou que l'on partage avec famille et amis proches, le temps de l'infusion garde encore aujourd'hui quelque chose de sacré.

Le grand parcours de l'infusion

Le côté sacré — quasi mythologique — de l'infusion (et plus particulièrement du thé) remonte à loin dans l'histoire de l'être humain. Celui-ci a toujours vu en elle un baume pour le corps et l'esprit ; l'infusion est d'ailleurs sans conteste le plus vieux remède du monde. Pour commencer, durant la préhistoire, les chasseurs-cueilleurs se nourrissaient de plantes. C'est eux qui ont appris à distinguer les plantes propres à la consommation des plantes nocives ou mortelles : le fort goût d'amertume que recèlent ces dernières était généralement un indice de leur toxicité. Pas surprenant que l'amertume soit une saveur qu'il faille apprendre à apprivoiser… puisqu'elle est souvent synonyme de danger. Déjà, à l'Antiquité, les civilisations grecque et romaine guérissaient différents maux en utilisant les plantes. Plus tard, les Chinois ont troqué leurs thés contre des herbes européennes (surtout la sauge) parce qu'ils en appréciaient les vertus thérapeutiques. Plus près de nous, les Premières Nations ont, depuis toujours, utilisé feuilles, fruits, noix et racines tant pour l'alimentation que pour la médecine et l'exécution de certains rituels.

Mais aujourd'hui plus que jamais, les gens portent un intérêt marqué pour tout ce qu'ils consomment. On vit à une époque où la formule «mince à tout prix» est devenue une devise et où l'alimentation, l'activité physique et toutes les composantes de l'hygiène de vie sont analysées et réglées au quart de tour. Certes, il est normal, et même sain, de vouloir connaître les aliments que l'on consomme et de comprendre comment le corps compose avec chacun d'entre eux ; mais c'est autre chose que d'en faire une obsession. Thés, tisanes et

autres infusions, consommés sur une base quotidienne, sont une belle manière de trouver un équilibre… et leur préparation n'est généralement pas bien compliquée.

Ce livre est donc consacré à ces précieuses boissons. Dans un premier temps, il y sera question du thé, peut-être la plus connue d'entre elles et probablement celle qui est parvenue le mieux à conserver son «aura sacrée». Nous nous attarderons tout d'abord au *Camellia sinensis* (ou théier), l'arbre duquel nous puisons toutes les feuilles de thé, peu importe le type. Nous verrons que la couleur du thé est directement liée au traitement que l'on fait subir à ses feuilles. Nous aborderons également la notion de rituel et nous tenterons d'explorer ses diverses formes selon qu'il est élaboré en Asie, en Europe, en Afrique ou même en Amérique. Le rituel exige une attention particulière accordée à la préparation du thé et nous examinerons plusieurs façons d'apprêter cette boisson. Nous nous pencherons par conséquent sur les outils nécessaires à la préparation d'un bon thé. Puis, plus loin dans le livre, il sera question d'accords mets et thés afin de savoir comment agencer la boisson idéale à un plat ou à une pâtisserie, par exemple. Quelques recettes simples à base de thé seront également offertes, histoire de vous aiguiller sur la polyvalence de ce produit, de piquer votre curiosité et de titiller votre appétit.

La deuxième partie du livre concernera les autres infusions, c'est-à-dire des infusions qui ne proviennent pas de la plante *Camellia sinensis*. Nous parcourrons en premier lieu différentes solutions de remplacement au café du matin. Nous survolerons ensuite plusieurs régions du globe en nous intéressant à quelques infusions plus ou moins connues qui y sont consommées. En terminant, nous nous attarderons aux tisanes servant à pallier différents maux.

Les infusions sont la preuve qu'il n'est pas nécessaire de sacrifier le plaisir pour veiller à sa santé. En espérant que vous en apprendrez un peu, au cours des pages qui suivent, sur les plantes et leurs mille vertus et que ces pistes vous donneront envie d'approfondir vos lectures… et aussi de déguster de nouvelles infusions. Mais, bien que les plantes soient fascinantes en raison de leurs multiples propriétés, il ne faut pas oublier le simple plaisir de consommer les boissons qu'elles nous offrent et le bien-être que nous procurent ces moments privilégiés. De

ces instants de bonheur simple, le corps, mais aussi l'esprit, bénéficient des bienfaits d'être, du moins le temps d'une tasse, ici et maintenant. Une tasse de ravissement qui accompagne à merveille un livre, une méditation, une première neige, une rencontre amicale… ou qui se prend simplement en elle-même, puisqu'il est vrai que la préparation d'une infusion et sa dégustation nous obligent à la détente et au lâcher-prise. Des gestes précis et méticuleux forcent les pensées à se fixer sur des objets purs, d'une singulière beauté, et sur des mouvements simples du corps plutôt qu'à errer dans les tourments du quotidien. Laissez-vous donc transporter, seul ou accompagné, par l'enivrement de votre *cup of tea* ou de votre infusion préférée. Et pourquoi ne pas l'harmoniser, comme savent si bien le faire les Anglais, à de petits gâteaux ou autres péchés mignons.

Il est toutefois nécessaire de rappeler que si la nature est souvent bienveillante, elle peut parfois s'avérer néfaste et que ce n'est pas parce qu'un aliment est naturel qu'il est nécessairement bon pour tous et en toute occasion. Ainsi, il est toujours fortement suggéré de consulter un herboriste d'expérience ou un pharmacien plutôt que de s'improviser alchimiste. Certaines plantes s'avèrent contre-indiquées, par exemple, pour les femmes enceintes ou allaitantes, les enfants, les personnes âgées ou médicamentées… Il vaut donc toujours mieux consulter un spécialiste afin de savoir quelles plantes vous conviennent véritablement.

sont organisés. Les participants, ancêtres des dégustateurs de thé, doivent décider des meilleurs thés parmi différents terroirs.

Puis, c'est au tour de l'Europe de tomber sous le charme de cette boisson. Tout d'abord à travers la littérature — par certains récits de voyage —, puis grâce aux Hollandais, qui troquaient alors de la sauge contre du thé. Celui-ci était surtout utilisé à des fins thérapeutiques, en Hollande, mais aussi en Allemagne, en France et en Angleterre. De même, au cours des années 1660, la East India Company, qui importe déjà du coton, de la soie et d'autres produits en provenance de la Chine et de l'Inde, ajoute le thé à sa liste.

C'est d'abord par la monarchie — et principalement par la reine Catherine (XVIIe siècle) — que les Anglais s'initient au thé. À partir du moment où les importations vont bon train, le gouvernement profite de cette nouvelle mode pour en hausser les taxes. La consommation du thé s'étend tout de même graduellement. L'infusion ne devient vraiment populaire en Angleterre qu'à l'époque de la reine Anne (quelques années plus tard), qui voit l'essor des *coffee houses*.

Au fil des décennies, la population est gagnée par cette véritable fièvre, si bien qu'à l'aube du XVIIIe siècle, le thé devient un moment privilégié dans la vie quotidienne des Anglais. Une multitude de lieux de rencontre pour la population plus fortunée émergent à Londres à cette époque. Thé, café, pain, petits gâteaux, de même que certains alcools, sont à l'honneur dans ces lieux effervescents. Certains de ces cafés mettent plus particulièrement le thé à l'honneur. C'est le cas de celui fondé par Thomas Twining en 1706 et qui est rapidement devenu le lieu de prédilection des Londoniens pour boire le thé. Après l'ouverture de cet établissement, Thomas Twining ouvre une boutique dans laquelle il vend thé et café en vrac. Les thés Twinings existent d'ailleurs toujours; on peut facilement les trouver en épicerie, ici au Québec, vendus dans de petites boîtes de métal de différentes couleurs, mais aussi sous forme de sachets. Puis, les Jardins de Londres font peu à peu leur apparition et deviennent eux aussi des endroits pour passer d'agréables moments en famille et entre amis. On peut y manger et y siroter un thé tout en écoutant les musiciens invités pour l'occasion.

Le gouvernement anglais profite de cette grande montée de la consommation du thé pour faire grimper les taxes sur ce produit, ce

qui a pour conséquence d'encourager une forte infiltration du marché noir dans le commerce du thé. À cette époque, l'Angleterre domine la presque totalité du marché mondial : c'est elle qui se rend au port de Canton, en Chine, qui ramène le thé à l'intérieur de ses frontières et le fait parvenir à ses colonies. Les États-Unis, alors une colonie de l'Angleterre, sont également devenus de grands consommateurs de thé, mais la mère patrie tire encore les ficelles et leur fait payer des taxes salées, ce qui crée un fort sentiment de révolte chez les Américains. En 1773, ils se révoltent. Un regroupement d'une soixantaine d'hommes se saisit de trois navires anglais amarrés au port de Boston et jette à la mer les caisses de thé qu'ils transportent. Cet épisode marquant a été nommé le *Boston Tea Party* et est considéré comme un événement fondateur de la guerre d'indépendance américaine. Les États-Unis deviendront par la suite les principaux rivaux de l'Angleterre en matière de commerce du thé. Une des raisons majeures de cette concurrence est que les Anglais, ayant introduit le trafic de l'opium en Chine afin de rendre les producteurs dépendants et de faciliter les échanges commerciaux, ont envenimé leurs relations avec les Chinois. Les Américains ont alors su tirer profit de ce conflit.

Le thé s'implante dans toutes les sphères de la société

Dans la haute société anglaise, le thé est véritablement devenu une mode. Cette boisson réconfortante devient en quelque sorte un art de vivre. Il rivalise même avec la bière et les spiritueux. Loin de les remplacer — le goût des Britanniques pour l'alcool est bien connu —, il en diminue cependant la consommation, apparemment jusqu'à réduire, durant la deuxième portion du XVIIIe siècle, le taux de mortalité liée à la surconsommation d'alcool. Le facteur économique contribue également à son intégration dans les classes ouvrières : bien que la bière reste la favorite des prolétaires, elle coûte cher et ceux-ci privilégient donc de plus en plus l'infusion.

Le thé, qui s'est tout d'abord fait connaître des élites, gagne donc du terrain chez les ouvriers. Il devient le moyen par excellence de se retrouver et de socialiser. Dans l'aristocratie et dans les hautes sphères de la société, il est aussi un prétexte aux mondanités. Les Anglais

n'importent plus de la Chine que les feuilles de thé, mais aussi tous les accessoires nécessaires à son infusion. Ainsi, théières et ustensiles (surtout en porcelaine) constituent à la fois des objets d'art et un prétexte aux mondanités.

Au milieu du XIXe siècle, en 1859 plus précisément, les Anglais s'implantent à Darjeeling, en Inde, afin d'y introduire la production du thé. L'Angleterre trouve ainsi un moyen de contrer ses mauvaises relations avec la Chine, d'assurer sa consommation et de faire main basse sur le marché occidental. La culture du thé se répand donc peu à peu dans la sphère ouvrière anglaise, mais également dans ses territoires et colonies. Ainsi, l'Écosse, l'Irlande, les États-Unis et, dans une moindre mesure, le Canada développent également le goût pour le thé et son importation ne cesse de croître. Partout, salons de thé et bistros se multiplient et permettent à tous de se rencontrer, de festoyer et d'alléger leur quotidien.

Une colonie fait cependant exception : l'Inde. Bien qu'à la fin du XIXe siècle l'Inde fasse durement concurrence à la Chine sur le marché international, elle ne consomme qu'une infime part de sa récolte de thé. Il faudra attendre le milieu du XXe siècle pour que le thé soit intégré au régime de vie quotidien des Indiens. Le commerce du thé n'est pas simple chose dans cette région, étant donné le manque de main-d'œuvre, ce qui n'est pas étonnant si l'on considère les conditions excessivement difficiles de la cueillette. À l'état sauvage, le théier pousse dans la jungle du Bengale où terrains accidentés, serpents et autres bestioles rendent la récolte des feuilles de thé très ardue. L'Inde atteint tout de même le premier rang mondial de la production du thé vers la fin du règne de Victoria.

C'est également sous le régime victorien que l'Angleterre établit l'habitude du *five o'clock tea*. Cette tradition aurait d'abord été instaurée par la duchesse de Bedford, qui se serait mise à convier ses amies pour des thés d'après-midi, qu'elles accompagnaient de collations. À cette époque, les goûts alimentaires se raffinent et, dans les salons et les réceptions de fin de journée (il était d'usage pour les femmes des classes sociales supérieures de se visiter mutuellement), on prend l'habitude d'intégrer des *cakes* et autres petites gâteries afin d'agrémenter la boisson et de patienter jusqu'au souper. La plupart du temps, les

Anglais d'alors ne prenaient en effet que deux repas par jour et le moment du thé était donc l'occasion de se restaurer.

C'est également vers cette période que la production du thé s'industrialise. Vers la fin du XIXe siècle et au début du XXe, des machines remplacent l'homme pour certaines manipulations, ce qui a pour effet d'augmenter considérablement la production.

Le marché actuel

Londres reste une plaque tournante dans les marchés internationaux; dégustateurs et négociants s'y rencontrent toujours. Les Anglais demeurent, encore aujourd'hui, parmi les plus grands buveurs de thé d'Europe, ne cédant leur place qu'aux Irlandais. Eh oui, on l'ignore souvent, mais les Irlandais boivent davantage de thé que leurs cousins anglais! L'Angleterre ayant légué cette habitude à ses anciennes colonies, la civilisation du thé s'est répandue dans tout le monde anglo-saxon. Les Canadiens anglais consommeraient ainsi plus de thé que les Québécois francophones. Les Terre-Neuviens, par exemple, ont l'habitude de recevoir leurs convives avec cette boisson, à laquelle certains aiment ajouter du lait condensé en conserve.

On retrouve dorénavant des pays producteurs de thé sur les cinq continents. Mais si le marché et les habitudes restent presque inchangés dans certaines régions du globe, elles évoluent bien davantage ailleurs. Cela semble être le cas au Québec. Nous n'avons jamais été de grands consommateurs de thé. Bien sûr, nos ancêtres qui cultivaient la terre le buvaient puisqu'il était à la fois peu coûteux, stimulant et désaltérant. Mais si tous gardent chez eux des sachets de thé noir de type Salada, plus rares sont les gens qui fréquentent les salons de thé et dont les armoires renferment de petites boîtes d'aluminium remplies de feuilles exotiques.

Le thé, cependant, se fait connaître sous son meilleur jour depuis les dernières années au Québec. Deux tendances distinctes marquent son retour en force. La première est l'émergence de cafés, restaurants et petites boutiques spécialisées qui proposent une importante variété de thés à consommer sur place ou à emporter. Quoique l'on puisse y trouver des mélanges de plus haute gamme, ce sont plutôt les thés glacés et aromatisés qui y sont à l'honneur. On gagne

ainsi des non-initiés, puisque ces produits sont très accessibles (tant par le prix que par les arômes), et l'on tente aussi plusieurs amants du thé, curieux de goûter à certaines saveurs inédites. (Voir notre carnet d'adresses à la page 122.)

L'autre tendance, aux antipodes, est celle des «véritables salons de thé». Les prix y sont peut-être un peu plus élevés, mais on y offre un éventail de thés de toutes les familles et d'une très grande qualité. Ces lieux sont faits pour se poser, loin du tourbillon des villes et du chaos de nos routines, afin de s'abandonner complètement à la dégustation. Les gens qui y travaillent sont généralement des connaisseurs passionnés qui savent répondre à nos questions et dissiper nos doutes quant à notre choix de thé. (Voir notre carnet d'adresses à la page 122.)

Ainsi, le thé charme toujours par son exotisme et fascine par son histoire et ses traditions millénaires. On peut également affirmer qu'il incarne encore un point de rencontre entre l'Occident et l'Orient. Il fait figure de pont entre les cultures : chacune emprunte des façons de faire et les transforme ; chaque région y met son grain de sel et les conforme à ses habitudes.

De la plante à la tasse

Le *Camellia sinensis*

Le théier, ou *Camellia sinensis*, trouve son berceau en Chine, mais on le récolte dorénavant un peu partout sur la planète, entre le 43e parallèle nord et le 27e parallèle sud. Si la Chine, le Japon, l'Inde, la Corée, le Vietnam et le Sri Lanka sont des producteurs bien connus, le théier pousse également dans certains pays d'Afrique (Kenya, Malawi…) et d'Amérique du Sud (Argentine et Brésil). Un climat chaud et humide est nécessaire à sa croissance. Assez capricieux, il exige des pluies abondantes, mais une courte saison sèche ; des journées ensoleillées (au moins cinq heures de soleil par jour), mais des nuits pluvieuses. Les sols profonds, riches en minéraux et dans lesquels l'eau s'écoule facilement lui conviennent bien. C'est pourquoi les terrains montagneux offrent

souvent les meilleurs thés : dans ces zones, tous les besoins du Camellia sont comblés. (Voir photo à la page 129.)

Anciennement, on croyait qu'il y avait deux types de théiers (un type produisant le thé vert et l'autre, le thé noir), mais tous les thés proviennent en fait de la même plante, de la famille des théacées. Sa taille varie énormément, de 5 à 30 mètres selon la région dans laquelle elle pousse. Il s'agit d'un arbre à feuilles persistantes, c'est-à-dire que ses feuilles ne tombent pas en hiver (ou plutôt, elles tombent, mais pas toutes en même temps, comme nos conifères). Il produit des bourgeons duveteux d'un vert tendre qui deviennent, par la suite, des feuilles mesurant entre 15 et 25 centimètres, dentelées et d'un vert assez foncé.

La récolte du thé

La cueillette est d'une durée approximative de huit mois et commence au printemps. La première cueillette — aussi appelée *first flush* ou cueillette du printemps — s'étend de mars à avril et est reconnue comme étant la meilleure, la plus prestigieuse, parce que l'on en obtient un goût plus fin et souvent plus sucré. Vient le *second flush*, qui commence en mai pour se terminer en juin, puis le *third flush*, dont la cueillette se fait de septembre à novembre. Encore aujourd'hui, la récolte du thé est réservée aux femmes. Rares sont les hommes que l'on affecte à cette tâche. Cette réalité est certainement due au fait que la femme fait traditionnellement figure de pureté. En Chine, à l'origine, on réservait la cueillette des feuilles destinées à l'empereur à des jeunes filles encore vierges. Celles-ci devaient retirer les feuilles, les mains gantées d'un blanc immaculé, à l'aide de ciseaux d'or. Ainsi, ce sont toujours les femmes qui sont chargées de la récolte des feuilles de thé. Très rapides et d'un doigté prodigieux, elles répètent environ 50 000 fois le même geste chaque jour : recueillant à deux mains les délicates feuilles, elles les jettent ensuite dans un panier qu'elles transportent en bandoulière sur leur dos. Pour produire six à sept kilos de thé prêt à être consommé, il faut environ 30 kilos de feuilles de thé fraîches. Il s'agit évidemment d'un travail de dur labeur. Cependant, la cueillette des feuilles tend à se moderniser, tout spécialement au Japon. De plus en plus de machines effectuent cette tâche difficile, mais des terrains plats sont nécessaires

à leur utilisation. Reste que les thés les plus prestigieux du monde sont le résultat de cueillettes manuelles. (Voir photo à la page 132.)

Il existe trois différents types de cueillette, soit les cueillettes impériale, fine et classique. Il va sans dire que les thés de plus grande qualité proviennent de la première, puisque seuls les bourgeons et la première feuille qui suit ceux-ci sont utilisés. Dans les récoltes les plus subtiles, seuls les bourgeons sont utilisés. Le bourgeon est en fait la nouvelle pousse (qu'on appelle aussi *pekoe*) encore enroulée sur elle-même et recouverte d'un léger duvet. En chinois, on utilise le terme *pak-ho*, qui désigne aussi les fins cheveux du nouveau-né. Ce type de cueillette est destiné aux thés blancs et elle se pratique encore parfois (quoique plus rarement) avec des gants de coton.

La cueillette fine offre aussi des thés d'une excellente qualité. On l'obtient en détachant le bourgeon terminal de même que les deux premières feuilles. Finalement, la cueillette classique est la moins reconnue. On y prélève le bourgeon terminal et les trois, parfois même les quatre feuilles suivantes. La qualité du thé est certainement influencée par le moment et le type de cueillette, laquelle est le fruit de plusieurs siècles de connaissances et de savoir-faire transmis, comme pour le cas de la culture vinicole, de génération en génération.

Le traitement des feuilles

Les manipulations auxquelles doivent être soumises les feuilles après leur cueillette et avant que nous puissions les apprécier en dégustation se comptent normalement au nombre de cinq, soit le flétrissage, la dessiccation, le roulage, le criblage et le séchage. À celles-ci peuvent s'en ajouter quelques autres. Voici brièvement en quoi consiste chacune de ces manipulations :

Le flétrissage :

Le flétrissage a pour but de faner et d'assouplir les feuilles de thé afin qu'elles ne s'abîment pas lors de la manipulation suivante, le roulage. Cette étape fait perdre aux feuilles une grande part de l'eau qu'elles contiennent. La méthode ancienne consistait simplement à étendre les feuilles au soleil, mais les critères de qualité de la production actuelle obligent à plus de précautions. Les feuilles sont donc maintenant étalées durant plusieurs heures (généralement entre 12 et 24) sur d'immenses

récipients plats tressés à partir de tiges de bambou qu'on appelle des claies. Les feuilles peuvent également être flétries à la machine lorsque la production exige un plus grand rendement ou un rendement plus rapide.

La dessiccation :

La deuxième manipulation est celle de la dessiccation. Elle sert à freiner l'oxydation naturelle des feuilles. Il y a deux méthodes manuelles de dessiccation. En Chine, on chauffe les feuilles dans une grande cuve en fonte (ou *wok*) ; alors qu'au Japon, on les chauffe à la vapeur. Le thé qui résulte de la deuxième méthode a généralement un goût plus végétal. On peut maintenant effectuer ce processus de façon mécanisée en mettant les feuilles dans un cylindre rotatif. La chaleur obtenue lors de la dessiccation permet de changer la composition chimique des feuilles de thé : elles développent alors des enzymes qui empêchent leur oxydation.

Le roulage :

La troisième étape consiste en un roulage des feuilles. Cette étape peut également être faite manuellement ou par des machines. Les feuilles roulées changent le thé sur deux aspects : le goût et l'apparence. Cette manipulation entraîne une certaine destruction des cellules de la feuille et donc, une extraction des huiles essentielles aromatiques contenues dans celle-ci, ce qui modifie nécessairement le goût du thé. Le roulage des feuilles change également leur aspect. Selon la forme de roulage effectué, les feuilles prendront une apparence toute spéciale lors de l'infusion. Les Chinois, particulièrement, sont sensibles à l'aspect esthétique du thé avant, pendant et après son infusion. Les deuxième et troisième étapes peuvent parfois être répétées, une seconde fois, selon les traditions et les sortes de thé que l'on souhaite obtenir.

Le séchage :

La quatrième étape est celle du séchage. Elle oblige les huiles, libérées lors du roulage, à se fixer sur les feuilles. De plus, le séchage vide presque totalement les feuilles de leur eau et empêche donc une éventuelle moisissure.

Le criblage :

La cinquième étape se nomme criblage ou triage des feuilles. Après avoir été roulées et séchées, les feuilles sont disposées sur de grands tamis afin d'être classées en fonction de leur taille et d'être séparées de toute impureté. Le criblage se pratique encore à la main, mais il peut également être effectué à la machine.

L'oxydation :

Certains thés exigent aussi une courte période d'oxydation (volontaire et contrôlée) ou une durée de fermentation (beaucoup plus longue). Plusieurs confondent ces deux processus et, même dans certains ouvrages sur le thé, on parle de fermentation des feuilles pour désigner le processus de production des thés oolong et des thés noirs, alors qu'il n'y a que les thés pu'er qui subissent cette transformation. Les thés oolong et les thés noirs sont plutôt oxydés.

L'oxydation est le processus par lequel une matière s'altère au contact de l'oxygène. En s'oxydant, plusieurs métaux rouillent, certains fruits brunissent, etc. L'oxydation du thé en change à la fois la couleur et le goût. Cette manipulation est d'ordinaire réservée aux thés oolong et aux thés noirs, quoique l'on oxyde également (mais plus rarement) quelques thés jaunes et verts.

Pour procéder à l'oxydation des feuilles de thé, on les étend sur de grandes plaques de bambou tressé, puis on les remue de temps à autre durant plusieurs heures. Comme dans le cas du roulage, les cellules des feuilles sont endommagées, de sorte qu'elles libèrent leurs huiles. Il est aussi possible de procéder à cette étape mécaniquement, c'est alors un cylindre rotatif qui chauffe les feuilles. L'oxydation est ainsi écourtée. Les feuilles doivent ensuite être séchées afin de mettre fin à ce processus.

La fermentation :

La fermentation, quant à elle, est un procédé qui s'active à partir des micro-organismes présents dans les aliments. Les denrées qui ont été préalablement fermentées se conservent plus longtemps et leurs qualités nutritionnelles s'en trouvent accrues. Leur goût, aussi, est modifié.

La fermentation des thés est réservée à la famille des pu'er. Il s'agit d'une manipulation délicate qui doit s'opérer dans des conditions bien précises et qui doivent rester constantes. On fait fermenter les feuilles de thé dans des lieux sombres, humides (quoique tout de même bien aérés) et dont la température est réglée entre 20 et 30 °C. C'est dans ces conditions que les thés pu'er vieillissent lentement et très longtemps, souvent pendant plusieurs décennies.

Les familles de thé

Il existe six familles de thé, soit les thés blancs, jaunes, verts, oolong, noirs et pu'er. Chaque famille de thé exige des procédés particuliers et ceux-ci varient légèrement d'une région à l'autre. Exactement comme les vins, rouges ou blancs, viennent de la vigne, les thés proviennent tous de la même plante (le *Camellia sinensis*), mais ils sont traités différemment selon les traditions du terroir. Il y a donc encore plus de variétés de thé que de vin, parce que plus de méthodes de transformation. Or, même s'il y a plusieurs façons de faire (certaines des manipulations sont parfois inversées ou répétées), les procédés restent sensiblement les mêmes pour chacune des familles de thé.

Le thé blanc :
Le thé blanc provient initialement de la province de Fujian, en Chine. Il demeure, encore aujourd'hui, essentiellement un thé chinois, quoique certaines autres régions du monde se hasardent maintenant à en produire (notamment en Inde). Il s'agit du thé qui subit le moins de transformation, puisque ses feuilles sont simplement séchées, normalement au soleil, mais parfois aussi par des ventilateurs. Les feuilles ne sont constituées que de bourgeons lorsque le thé est d'excellente qualité (cueillette impériale). Le thé prend ainsi l'aspect d'aiguilles argentées puisqu'il ne consiste qu'en de jeunes pousses encore roulées sur elles-mêmes et recouvertes de leur duvet blanchâtre. (Voir photo à la page 130.) Son infusion est très pâle, cristalline, et sa saveur est délicate, subtile et rafraîchissante, voire fruitée. Ce thé d'exception, en plus d'être très délicat, est souvent faible en caféine. Il sera question des termes « caféine » et « théine » à la page 31.

Quoiqu'il soit très réputé en Chine, ce thé peut surprendre certains palais occidentaux, habitués à plus de corps. Il faut prendre le temps de le déguster si l'on veut accéder à toutes ses subtilités. Les thés blancs les plus connus sont le Pai Mu Tan (pivoine blanche) et le Yin Zhen (aiguilles d'argent). Le premier est réputé être de qualité inférieure au second, quoiqu'il soit préféré par plusieurs palais sachant apprécier les fines saveurs du thé blanc. Le Pai Mu Tan est légèrement plus prononcé et son côté floral rappelle celui des arômes qui lui donnent son nom. Le Yin Zhen, quant à lui, n'est composé que de bourgeons, de fines aiguilles argentées. Ses arômes sont très subtils et sucrés, voire mielleux, et sa liqueur, rafraîchissante. On retrouve également le Baihao Yinzhen, produit dans la province de Fujian. Il est normalement constitué exclusivement de bourgeons et leur infusion donne une liqueur d'un beau doré pâle et d'une saveur suave et sucrée. Le Jade Lily est, quant à lui, composé de bourgeons et de jeunes pousses. Sa boisson est douce, tant par sa couleur que par son goût. D'un jaune verdâtre clair, cette boisson est légèrement sucrée et rappelle la poire.

Le thé vert :

Préféré des Orientaux, le thé vert est surtout produit en Chine et au Japon. Les feuilles sont soumises à une dessiccation afin d'en empê-cher l'oxydation future. Comme mentionné précédemment, ce procédé diverge selon les deux principaux pays producteurs. En Chine, on procède à la dessiccation en disposant les feuilles de thé dans de grands récipients en fonte que l'on chauffe, tandis qu'au Japon, on chauffe les feuilles à la vapeur. Le caractère végétal distingue la saveur du thé vert des autres thés et ce trait caractéristique domine encore davantage chez les thés verts japonais. Les thés chinois sont, quant à eux, plus subtils et d'une amertume un peu plus marquée. La couleur de leur infusion varie énormément : d'une nuance cristalline légèrement teintée de jaune ou d'un vert pâle à un vert beaucoup plus franc.

Le Gunpowder est un thé chinois très connu et dont l'aspect esthétique se fait remarquer puisque les feuilles sont roulées très serrées afin de former de petites boulettes d'à peine quelques millimètres de diamètre, d'où son nom « poudre à canon ». (Voir photo à la page 131.) Sa liqueur, d'un vert assez foncé, a du corps et un goût qui captive les

papilles. Le Chun Mee (sourcil précieux) est infiniment plus fin que le Gunpowder et son infusion, d'un vert plus cristallin. Ses feuilles, roulées et arquées, lui donnent l'apparence de sourcils humains, dont il tire son nom. Quoique pure, sa saveur est assez corsée et longue en bouche. Il convient parfaitement à la préparation des thés verts à la menthe. Le Lung Chin («puits du dragon») est un autre thé vert chinois assez connu. De ses feuilles plates résulte une infusion d'un vert jaunâtre assez tendre. Son goût est végétal, sucré, mais avec des notes marines. D'une belle onctuosité en bouche, mais avec une légère astringence, on pourrait dire que c'est une main de fer dans un gant de velours. Le Longjing porte le nom de son village d'origine (comme c'est souvent le cas des thés chinois), dans la province du Zhejiang. Il est constitué d'un bourgeon et d'une feuille lorsqu'il est de meilleure qualité, ou d'un bourgeon et de deux feuilles s'il est de qualité moindre. La liqueur qu'il offre est d'un jaune vert franc. Elle est douce et parfumée. Le Anji White Virgin est, quant à lui, un thé vert dont le nom pourrait nous faire croire à un thé blanc. Son infusion est d'un beau vert tendre et cristallin et elle est sucrée, avec une pointe d'astringence.

Les thés verts japonais, pour leur part, sont très consommés localement et ils détiennent également une place de choix sur le marché international. Le procédé de dessiccation à la vapeur, qui, dit-on, abîme moins les feuilles, confère aux thés japonais un goût souvent plus végétal que les thés verts chinois. L'appellation des thés japonais se fait moins par rapport aux terroirs que selon les procédés de transformation des feuilles. Nous en retrouvons huit principaux types, dont en voici quelques-uns.

Tout d'abord, le sencha (que l'on peut traduire par «thé infusé») est le plus populaire des thés japonais. (Voir photo à la page 131.) Dans cette vaste gamme, on retrouve plusieurs sortes, dont le sencha Uji, l'un des plus appréciés. Il est parfumé, plutôt aérien et légèrement sucré… parfait pour relaxer. Le sencha Honyama est plus prestigieux, parce que le fruit de récoltes d'exception. Son goût est également parfumé, mais plus riche, plus tonique. Le Fukamushi sencha est, pour sa part, très végétal, d'une saveur franche. Parmi les autres gammes de thés verts japonais, on retrouve le bancha, constitué de feuilles et de tiges des récoltes un peu plus tardives. Il y a aussi le

Hojicha, qui est en réalité un sencha ou un bancha, mais dont les feuilles ont été torréfiées légèrement. Cela se sent dans la liqueur, laquelle a un goût moins végétal que les autres thés verts. Son infusion est aussi plus foncée, d'une couleur de miel, et elle est réconfortante. Le genmaicha est un thé vert dans lequel on a ajouté des grains de riz soufflés. Il est délicieux et possède aussi ce petit goût de grillé, de noix, qui réconforte. On trouve aussi le tamaryokucha et le kabusecha. Puis vient le gyokuro, considéré comme le grade supérieur et réputé pour être le meilleur thé au monde. Sa cueillette est effectuée avec le plus grand soin et sa liqueur est vert tendre et cristalline. Finalement, nous avons le fameux matcha, qui est en quelque sorte l'emblème des thés japonais. Le matcha est un thé d'un vert franc et réduit en poudre fine que l'on utilisait anciennement (et encore aujourd'hui quoiqu'elle soit moins pratiquée) pour la cérémonie du thé. (Voir photo à la page 136.) Sa dégustation donne l'impression d'un thé dense (la poudre des feuilles que l'on bat dans l'eau tiède-chaude et que l'on consomme en entier donne une belle onctuosité à la boisson), très frais, parfois légèrement sucré, mais toujours d'une belle amertume. Les Japonais le consomment d'ailleurs souvent avec une truffe au chocolat ou autre sucrerie de manière à bien équilibrer cette amertume.

Le thé jaune :

Le thé jaune est certainement celui de toutes les familles qui est le moins connu. Il se rapproche du thé vert, à cela près qu'on lui fait subir une courte oxydation que l'on dit «à l'étouffée». Après la dessiccation et alors que les feuilles sont encore chaudes, on les dispose sous un tissu que l'on a préalablement humidifié. Les feuilles deviennent alors jaunâtres, nuance qui teinte également leur infusion. (Voir photo à la page 130.) Cette famille de thé est devenue, au fil des ans, plus précieuse parce que toujours plus rare. Parmi ces thés, on retrouve le Huangshan maofeng, qui est constitué d'un bourgeon et d'une feuille. Sa liqueur est cristalline, presque sans couleur, à peine teintée de jaune. Elle a une saveur assez végétale, avec des notes de fruits et de noix. Le Jun Shan Yin Zhen, pour sa part, est d'une couleur jaune très foncé qui rappelle celle du jus de pomme. Son goût est velouté quoique texturé.

Le thé oolong :

La quatrième famille de thé est celle des oolong, aussi appelés thés bleu vert ou thé semi-oxydés. Oolong signifie «dragon noir» en Chine et il y est très apprécié. Pour obtenir ce type de thé, on procède à une courte oxydation des feuilles, que l'on stabilise par la suite avec le processus de dessiccation. Ce thé provient principalement de Chine et de Taïwan et ces pays en proposent deux types : le premier oxydé de 10 à 30 %, plus doux que le deuxième qui est oxydé de 40 à 70 %. Le premier type s'apparente davantage aux thés verts puisque sa saveur est plus florale. Le deuxième a quant à lui des arômes plus boisés, grillés, fruités et caramélisés. Les feuilles des thés oolong sont toujours entières et leur aspect importe beaucoup aux Chinois (autant que leur couleur et leur saveur), qui les frisent, les bouclent, etc., pour influencer la façon dont les feuilles se déploient dans la théière. (Voir photo à la page 131.) Cette famille de thé est aussi idéale pour des infusions multiples. En conservant les mêmes feuilles, on procède à plusieurs infusions, desquelles se dégageront des saveurs légèrement différentes.

Le thé oolong est très prisé en Chine et on y en produit une grande variété. On y trouve, par exemple, le Tie Guan Yin (déesse en fer de la Miséricorde). Cueilli dans les montagnes du Fujian, ce thé donne une infusion ambrée, aux saveurs amères dans un premier temps, mais qui s'adoucissent par la suite. Le Anxi Tie Guan Yin, avec ses notes florales, est infiniment plus doux, comme l'est aussi la couleur dorée de son infusion. Le Qing Xiang Dan Cong donne une infusion d'une belle couleur ambrée qui rappelle le miel de pissenlit. Sa liqueur possède des notes complexes et fruitées. Et comme la plupart des oolong, il est parfait pour faire des infusions répétées. Le oolong Osmanthus est également très savoureux. Son infusion est délicate, ronde en bouche et donne l'impression d'une texture légèrement huileuse. Son goût est légèrement vanillé, parfumé et floral, à cause des fleurs d'osmanthus qui y sont ajoutées. Un coup de cœur !

Le thé noir :

Le thé noir en est un complètement oxydé. C'est celui qui est le plus consommé en Europe et en Amérique de Nord, et il occupe la principale part de la production mondiale si l'on exclut la Chine et le Japon.

Le caractère du thé noir est très différent selon qu'il provient d'une région ou d'une autre. Il faut également considérer son grade. Les feuilles sont souvent roulées et doivent subir une oxydation de plusieurs heures, après quoi elles sont séchées, ce qui freine le processus d'oxydation. Elles sont ensuite triées et séparées en différents grades. (Voir photo à la page 130.) La poudre demeurée dans le tamis sera utilisée pour les thés industriels, emballés en sachet, d'où leur saveur plus corsée. La couleur de l'infusion du thé noir varie de l'orange pâle au brun rougeâtre et sa saveur est ronde, suave, parfois avec une pointe d'amertume.

C'est le thé noir qui a tout d'abord gagné l'Occident et nous en trouvons une quantité infinie. La couleur de l'infusion est souvent très foncée, mais les saveurs diffèrent énormément selon la région d'origine et la méthode de transformation des feuilles. La Chine a longtemps omis de faire du thé de cette famille, mais aujourd'hui, elle en produit et en consomme. Les thés noirs chinois sont souvent plus suaves que certains thés en provenance de l'Inde (sauf dans le cas des Darjeeling) ou du Kenya. Encore là, il existe une myriade de thés de cette famille. Chaque région produit ses bons et ses moins bons crus. Nous vous en présentons quelques-uns.

Le Quimen Hao Ya est un thé qui porte le nom de sa région d'origine, en Chine. Son infusion est d'une belle couleur ambrée, caramel. Il est très présent en bouche, mais avec une touche sucrée et florale. L'Inde est un très grand producteur de thés noirs. Ceux qui sont récoltés dans l'état d'Assam sont souvent maltés et puissants, et leur infusion est très foncée, comme c'est le cas du Harmutty. Excellent thé du matin, il est riche, texturé et un rien sucré. Les thés qui proviennent de Darjeeling (dans l'état du Bengale) sont par contre plus délicats. Leurs liqueurs sont plus pâles et leurs saveurs, subtiles, florales et avec une pointe d'amertume. Le Oaks en est un bon exemple. Sa liqueur est d'un brun clair et doux, et son goût est fruité avec une touche de muscade. Le Sri Lanka produit également des thés réputés, que l'on retrouve sous l'appellation «Ceylan», du nom que l'on donnait anciennement à ce pays. Le Ratnapura provient de cette région du globe. Il offre une infusion riche, d'un brun foncé et mat. Sa saveur est très présente et se termine sur une belle note de caramel.

Le thé pu'er :

La sixième et ultime famille de thé est celle des pu'er. Les pu'er trouvent leur origine dans le sud de la Chine (Yunnan), où on les compressait en briques afin d'en faciliter le transport. Ils sont connus de la médecine chinoise depuis des siècles, celle-ci leur reconnaissant des propriétés digestives importantes. En effet, les enzymes développés par les feuilles de thé lors de leur fermentation causent la prolifération de microorganismes, ou bactéries, qui favorisent une bonne digestion. Les pu'er ont un processus de production infiniment plus long que leurs cousins, puisqu'ils exigent plus de manipulation. Aux étapes déjà mentionnées s'ajoutent une fermentation de plusieurs jours (ce sont d'ailleurs les seuls thés qui sont soumis à ce processus), une compression en galettes ou en briques, ainsi qu'une longue période de vieillissement qui s'étend souvent sur plusieurs décennies. (Voir photo à la page 131.)

Il existe deux principales sortes de pu'er : les sheng et les shou. Les pu'er sheng proviennent de la méthode authentique, c'est-à-dire qu'après la compression des feuilles, on les soumet à une longue période de fermentation (de 10 à 50 ans). Les pu'er shou, quant à eux, sont le résultat d'une fermentation accélérée, qui ne dure que de 45 à 65 jours. Ils ont été conçus en réponse à une demande croissante.

Les thés de fantaisie :

À ces six familles de thé s'ajoutent des thés de fantaisie. Certains sont fumés, d'autres parfumés ou aromatisés, et d'autres encore se distinguent par leur façonnage. Les thés fumés, que l'on appelle aussi Lapsang souchong, sont souvent faits à partir de feuilles matures, qui sont suspendues au-dessus d'un feu d'épicéa pour être séchées, ce qui leur donne un goût très particulier. La grande majorité des thés fumés proviennent de la province chinoise de Fujian, en Chine, et de Formose, à Taïwan. Ils ne sont pas pour tous les palais, mais le parfum qu'ils dégagent enchante les adeptes.

Les thés parfumés sont des thés auxquels on ajoute des fleurs, des épices ou des fruits séchés. Le thé Perles du dragon, par exemple, est un thé vert de Chine parfumé au jasmin, que l'on produit dans plusieurs provinces (Fujian, Jiangsu, Anhui, Sichaun...). On l'appelle ainsi à cause de son apparence : ses feuilles, dont certaines sont d'un vert tendre

presque gris et d'autres vert kaki, sont roulées de manière à former de toutes petites boules marbrées. Lors de l'infusion, les feuilles se déroulent et deviennent de longs filaments. Ce thé est doux et très parfumé, floral évidemment ! On dit que les thés sont aromatisés lorsqu'on les additionne d'huiles essentielles ou d'arômes artificiels. Quoique ces thés aient mauvaise réputation auprès des connaisseurs, les procédés qu'ils exigent demandent tout de même un véritable savoir-faire. Trouver des mariages idéaux et les amener à un point d'équilibre n'est pas une simple tâche. Les thés parfumés et aromatisés sont en plein essor en ce moment ; on retrouve dans nos villes une grande quantité de boutiques et de salons de thé offrant ces produits. Il y en a pour tous les goûts : des plus classiques (jasmin, citronnelle, orange, cardamome, chocolat, etc.) aux plus fantaisistes (noix de coco, *pop corn*, citrouille, *piña colada*, etc.).

Finalement, il existe une importante gamme de thés façonnés (thés sculptés ou tressés et qui se déploient lors de l'infusion), qui donnent des infusions toutes plus jolies les unes que les autres. (Voir photo à la page 133.) Ceux qui les produisent sont de véritables artistes qui font preuve d'une dextérité hors du commun. Ce façonnage consiste en un tressage des feuilles de thé autour d'une fleur comestible. Avant l'infusion, le thé forme une petite boule tressée qui, au moment de la plonger dans l'eau, devient un véritable spectacle : la petite pelote se déploie et laisse voir une fleur (jasmin, amarante, hibiscus, lis, etc.) en plein épanouissement. Ce type d'infusion exige évidemment une théière en verre qui permet d'observer l'éclosion et ce qui en résulte.

Quel thé **choisir ?**

Théine ou caféine ?

Le thé est aujourd'hui beaucoup consommé pour ses vertus énergétiques, qui découlent de sa concentration en caféine. Tout d'abord, doit-on dire « théine » ou « caféine », lorsque l'on parle de cette molécule du thé ? On sait depuis 1838 que la caféine du thé et du café est en fait la même molécule, mais qu'elle n'agit pas dans le corps de la même manière selon qu'elle provient de l'un ou de l'autre. La caféine du thé agit sur le système nerveux central et sur le système cardiovasculaire et celle du café joue directement sur le système circulatoire et provoque une accélération du rythme cardiaque. C'est pourquoi les effets du thé se font davantage sentir sur l'esprit (en augmentant notre capacité à nous concentrer, à réfléchir et en diminuant les effets de la fatigue) que sur le corps, contrairement à ceux du café. De même, la caféine du thé, en s'associant aux tanins, est assimilée beaucoup plus lentement par le corps et sur une plus longue période, contrairement à la caféine du café. C'est pourquoi nous ressentons intensément les effets du café, desquels s'ensuit généralement un creux de fatigue en fin de journée, ce qui ne se produit pas avec le thé. Donc, étant donné qu'il s'agit de la même molécule, nous devrions utiliser le terme « caféine » dans tous les cas. Cette correction s'est, semble-t-il, intégrée beaucoup plus rapidement dans la langue anglaise. En français, plusieurs utilisent encore le mot « théine », bien qu'il s'agisse d'un terme dépassée.

Il n'existe pas de réponses clefs en main lorsqu'il s'agit de la caféine des thés, puisque trop d'inconstances empêchent de formuler des généralités. Une étude québécoise a par contre été réalisée afin d'analyser la concentration de caféine dans plusieurs thés. Celle-ci

a pris racine au sein de l'équipe du Camellia Sinensis[1], qui a voulu vérifier la véracité des croyances populaires selon lesquelles la caféine que contiennent les thés varierait en fonction de leur famille et donc, de leur couleur. Ces croyances, qui disent que plus un thé est foncé, plus il contient de la caféine, sont erronées. Pour obtenir des résultats rigoureux, l'équipe a mandaté un centre de recherche et de transfert en biotechnologie afin qu'il analyse la concentration de caféine d'une trentaine de thés des différentes familles. Les résultats obtenus sont étonnants.

Dans un premier temps, il est vrai que les thés blancs ne contiennent que peu de caféine, observation qui va dans le même sens que la croyance populaire. Cependant, il est également vrai que certains thés noirs (qui ont pourtant la réputation d'être les plus caféinés) n'ont pas une concentration en caféine qui dépasse celle de plusieurs thés verts, et même blancs. Il devient donc impossible d'élaborer des principes infaillibles quant à la caféine contenue dans les thés en lien avec les familles. Il est cependant à noter que, tout comme il est vrai que le thé blanc contient généralement une concentration faible en caféine, le thé matcha est de loin celui dont l'infusion en contient le plus. La raison en est simple : les feuilles de ce thé vert japonais sont réduites en poudre, ce qui facilite la dissolution de ses substances et donc, de la caféine. De plus, lorsque nous dégustons un bol de matcha, nous consommons la feuille en entier, et non seulement la liqueur qui résulte de son infusion (comme dans le cas des autres thés), ce qui influe nécessairement sur la quantité de caféine ingérée.

Autre mythe à renverser : celui qui dit que pour boire un thé décaféiné, il suffit de jeter l'eau de la première infusion et de procéder à une deuxième que l'on pourra boire. Cette croyance sans fondements pourrait être la source de plusieurs nuits blanches, puisque des analyses montrent que la caféine du thé continue à se dissiper dans l'eau de l'infusion, même après plusieurs minutes. Il est vrai, cependant, que

---

1 Les salons de thé Camellia Sinensis sont très réputés, tant pour la qualité de leurs produits que pour leur équipe érudite et passionnée. Leur premier salon a ouvert ses portes sur la rue Émery, juste en face du cinéma Quartier Latin. Depuis, deux nouveaux espaces ont vu le jour : un près du Marché Jean-Talon (rue Casgrain) et l'autre dans le quartier Saint-Roch (rue Saint-Joseph Est), à Québec.

cette dissipation se fait toujours en diminuant, ce qui veut dire que jeter l'eau de la première infusion est tout de même un moyen à considérer si on veut limiter sa consommation de caféine.

Il s'agit donc de cas par cas en ce qui a trait à la concentration de caféine contenue dans les thés. De plus, il n'y a pas un individu qui réagisse de la même manière à une sorte de thé et il semble que le gabarit de la personne influe peu sur sa capacité à gérer la caféine. Si vous souhaitez connaître la valeur réelle en caféine de votre infusion, vous pouvez simplement le demander à votre marchand et peut-être aura-t-il en sa possession les informations pour satisfaire votre curiosité. Mais reste que la meilleure façon de connaître votre façon de composer avec un nouveau type de thé est de l'essayer en matinée ou au cœur du jour. Ainsi, vous pourrez tester vos réactions sans avoir l'inquiétude de gâcher une nuit de sommeil.

Comment choisir le thé en fonction de la journée ?

Quoique désigner un thé à boire en fonction d'un moment précis de la journée relève d'un choix personnel, déterminé par des goûts propres à chacun et la réaction également individuelle face à chaque type de thé, voici tout de même quelques classiques.

Le thé noir est celui qui a conquis le cœur et les papilles des Occidentaux, tout particulièrement des Britanniques. Encore aujourd'hui, le thé est consommé quotidiennement en Angleterre, à commencer par celui qu'on appelle *early morning tea* et suivi du *breakfast tea*, qui sont généralement des thés plutôt corsés et avec une certaine amertume, dans lesquels on ajoute un nuage de lait. Quoiqu'elle soit concurrencée par celle des pubs, la fréquentation des salons de thé est encore bien ancrée dans les habitudes des Anglais. Ils s'y rendent pour le *five o'clock tea*, aussi appelé *afternoon tea*, pris en fin d'après-midi et accompagné de grignotines tels sandwichs, scones et autres petites gâteries. En Orient, le thé noir est moins consommé, quoiqu'apprécié des Chinois. Nous pouvons cependant noter la mode des *bubble teas*, nous provenant de Taïwan, et bien connus ici depuis quelques années. Les

bubble teas sont des thés glacés, aromatisés et dans lesquels baignent des perles de tapioca. Très rafraîchissants, ils conviennent parfaitement aux après-midi chauds d'été. La texture des perles de tapioca, également, est agréable. Un essai s'impose si ce n'est déjà fait ! (Voir recette à la page 118 et photo à la page 140.)

Le thé oolong se prend tout au long de la journée. Il paraît même que certains restaurants du Fujian ou du Guangdong (en Chine) le servent en apéritif. À Hong Kong, on le prend plutôt avec un *dim sum*, un peu n'importe quand durant la journée. Quant à vous, étant donné que le oolong permet les infusions multiples, pourquoi ne pas le déguster lors d'après-midi ou de soirées de congé, alors que vous parcourez un bon livre ou que vous vous appliquez à une tâche qui exige du temps. Vous pourrez ainsi apprécier les nuances de ses saveurs au fil des infusions. D'autant plus que plusieurs oolong ne contiennent que peu de caféine. À vous de vous informer et de tenter l'expérience.

Le thé vert, lorsque son taux de caféine n'est pas trop élevé, se consomme à tout moment de la journée. Il est d'ailleurs le plus consommé en Orient. Il se boit sans ajouts (sans lait ni sucre), à l'exception du thé vert à la menthe, aux propriétés digestives intéressantes, qui, lui, est servi sucré. Il peut être agréable de consommer le thé vert avec des fruits frais ou séchés, voire même avec de petites pâtisseries lorsque l'amertume du thé le permet (par exemple, avec un thé matcha). Les Japonais le consomment peu importe le moment du jour et ils en conservent souvent les feuilles, de manière à les apprêter en plats. Ils les intègrent par exemple dans des salades ou des riz, mais en petite quantité seulement, car manger des feuilles en trop grande quantité donnerait mal au ventre.

Les thés blancs peuvent, eux aussi, être bus sans égard pour l'heure du jour, d'autant plus que la plupart ont un faible taux de caféine. Ils peuvent donc généralement être pris même en soirée. Ce sont des thés très désaltérants, mais il est préférable de les boire seuls, si l'on souhaite en capter toute la délicatesse des saveurs. Ils peuvent toutefois être accompagnés de fruits tout en fraîcheur. Les pu'er, quant à eux, ne sont pas spécialement associés à des moments de la journée, mais notez que ceux-ci détiennent des propriétés digestives et anticholestérol considérables.

Comment offrir
du thé?

L e thé, selon la culture et les habitudes de chacun, peut être une denrée qui est achetée sur une base régulière ou non. Mais peu importe le type de personne, et qu'il s'agisse d'un fin connaisseur, d'un amateur ou d'un non-initié, boutiques et salons de thé présentent des cadeaux qui feront le bonheur de tous. Voici quelques suggestions:

Aux néophytes:

- Si vous êtes incertain des goûts de la personne à qui vous offrez du thé, vous pouvez choisir un coffret de dégustation en contenant plusieurs sortes, mais en petites quantités. Vous tâterez alors le terrain et serez en mesure, lors d'un cadeau futur, de faire un choix plus personnel. Ces coffrets sont le meilleur moyen de faire d'heureuses découvertes et de les partager. Certains thés étant aussi savoureux froids que chauds, ce présent pourrait également être l'occasion idéale d'expérimenter.

- Les thés façonnés s'avèrent également un excellent cadeau. À ne pas offrir à un amateur, cependant, puisqu'ils sont rarement de très haute qualité, misant davantage sur le côté esthétique et spectaculaire de l'infusion que sur le goût. Mais si l'enchantement des papilles se fait moins sentir, celui des yeux, lui, est décuplé. Idéal, également, comme cadeaux d'hôte, puisqu'ils ravissent les convives.

Aux connaisseurs:

- Si vous connaissez bien les goûts de la personne à qui vous achetez un cadeau, vous pouvez opter pour une démarche plus franche et lui offrir un sac de son thé préféré. Et pourquoi ne pas acheter un contenant hermétique propice à sa conservation qui pourra être réutilisé? De même, pour un présent d'une plus grande envergure, vous pouvez accompagner ce thé de pâtisseries assorties. Pour des suggestions, consultez la section «Les accords thés et mets» que vous trouverez en fin de livre. (Voir à la page 83.)

- Une bouteille à thé (pour faire des infusions que l'on peut transporter avec soi) est également un cadeau de choix pour quiconque consomme régulièrement du thé à l'extérieur du foyer, au travail ou à l'université, par exemple. Inversement, des ustensiles variés servant à l'infusion conviennent davantage à un amateur qui préfère consommer son thé dans le confort de son chez-soi. Les boutiques de thé en offrent un très grand choix. On y retrouve généralement des services à thé, différents modèles de théières (kyusu, théières mémoire, à infusion individuelle ou pour plusieurs personnes, zhong...). (Voir photos à la page 138.) On peut également y dénicher théières et tasses en porcelaine émaillée, de toutes les tailles, de toutes les couleurs et de tous les styles. Certaines sont produites par des potiers d'ici, d'autres sont des importations. Pour les fervents de thés verts japonais, on y trouve parfois des bols à matcha ainsi que des fouets de bambou servant à mélanger la poudre de jade. Il est toutefois recommandé de n'offrir ces ustensiles qu'à un amateur, puisque cette stimulante liqueur n'est pas pour tous.

- La Maison Camellia Sinensis, dont on trouve des succursales à Montréal et à Québec, est une référence en matière de thé dans la province. Cette maison spécialisée offre plusieurs ateliers d'initiation d'une durée de 2 h 30. Certains de ces ateliers portent sur une famille de thé, d'autres sur une ou des régions productrices. Le salon permet également d'assister à des cérémonies de thé ou à des dégustations. Ces activités offrent l'occasion d'être dépaysés dans sa propre ville et d'en apprendre davantage sur des traditions millénaires. Les coordonnées se trouvent dans la section des « bonnes adresses » à la fin du volume.

Quelques idées originales :

- Certaines boutiques offrent également une gamme de préparations pour les thés glacés. Le mélange est déjà prêt à être utilisé et les saveurs sont aussi alléchantes les unes que les autres.

- Une boîte à thé artisanale se révèle aussi un cadeau admirable, surtout si la personne à qui on l'offre consomme du thé sur une base régulière. En plus de servir à conserver le produit,

elle devient un objet de décoration en soi. Si vous choisissez d'offrir une boîte à thé, évitez toutefois de le remplir de feuilles aromatisées puisqu'elle restera marquée par les arômes, souvent prononcés, qui risquent de contaminer les thés qu'on y mettra dans le futur.

- Si vos amis sont capricieux ou imprévisibles, vous pouvez encore opter pour un chèque-cadeau. Ils auront ainsi la possibilité de se rendre sur place et de prendre tout leur temps afin de dénicher leur présent. Certaines maisons organisent parfois des dégustations spéciales, ou offrent des cours et des ateliers. Ces activités peuvent être des cadeaux géniaux pour des amis curieux!

- Aussi, les livres sur le sujet complémentent bien un thé offert en cadeau. D'ordinaire, les boutiques spécialisées gardent en stock des livres qui portent sur leurs produits. Ainsi, pour approfondir vos connaissances ou partager votre nouvelle passion, un livre est tout indiqué, d'autant que les ouvrages portant sur le thé sont généralement magnifiquement illustrés. Ils sont de plus très polyvalents, puisqu'ils traitent à la fois d'histoire, de géographie, d'horticulture, de santé et de bien-être... Bref, ils sont si diversifiés qu'ils sauront plaire à tous.

...Et les autres **infusions**

P eut-être faites-vous déjà partie des adeptes du thé, mais il se peut également que vous n'en soyez pas des plus fervents. Certains n'aiment pas son amertume, d'autres redoutent son apport en caféine. Quelles que soient ces raisons, sachez qu'on compte de nombreuses solutions de remplacements, caféinées ou non, qui permettent de varier les habitudes, le régime alimentaire et le plaisir des papilles. Il existe suffisamment de sortes de thés, de tisanes et autres infusions pour que chacun y trouve son compte. Le présent chapitre vous en présente quelques-unes qui sauront satisfaire votre curiosité et votre gourmandise.

L'infusion, qu'est-ce que c'est?

On appelle «infusion» toute boisson chaude (mais elle peut également être bue fraîche) préparée à partir de plantes, qu'il s'agisse de feuilles, de fruits ou de racines. Le mot «infusion» désigne donc une boisson, mais elle est à la base une méthode de préparation. Il en existe d'autres, dont voici une brève présentation :

L'infusion :

Elle consiste simplement à laisser tremper (généralement dans une théière ou une tasse) des plantes dans de l'eau pour une durée variable afin que les saveurs et les substances contenant des propriétés médicinales s'en échappent. On infuse le plus souvent dans de l'eau très chaude, mais il est également possible de le faire avec de l'eau à température ambiante ou même de l'eau froide. L'infusion nécessitera simplement un peu plus de temps. Il faut aussi filtrer la boisson avant de la consommer. La quantité de plante recommandée pour la préparation d'une infusion est généralement de 15 ml (1 cuillère à soupe) pour 250 ml (1 tasse) d'eau.

La décoction :

Cette méthode s'apparente énormément à l'infusion. Dans le cas de la décoction, cependant, on doit plonger les plantes dans une eau froide que l'on portera ensuite à ébullition. Puis, cette préparation doit mijoter pour une durée variable. Elle s'adresse davantage aux boissons à base de racines, d'écorces, etc., qui sont des aliments plus coriaces.

La macération :

La macération (aussi appelée teinture) est une méthode qui consiste à laisser tremper longuement des plantes dans un liquide. Le plus souvent, on utilise de l'huile, de l'alcool ou du vinaigre.

Le sirop :

Le sirop est à la base une décoction qu'on laisse par la suite infuser longuement et à laquelle on ajoute du sucre avant de faire mijoter de nouveau. Une fois le sucre fondu, on laisse frémir un court moment afin que la préparation s'épaississe. Une fois versé dans des contenants stérilisés, le sirop peut être conservé très longtemps.

Vous réalisez peut être que vous connaissiez déjà la plupart de ces méthodes. En effet, les différentes méthodes d'infusion des plantes sont d'un usage courant. On les utilise, de façon plus ou moins consciente, surtout en cuisine.

Quelques mots sur la caféine

Une des nombreuses raisons pour lesquelles le thé est tant consommé dans le monde est sans contredit son apport en caféine. Nous avons abordé le sujet de la caféine au premier chapitre. Voici donc quelques informations supplémentaires. Stimulant des systèmes nerveux central et cardio-vasculaire, la caféine est une molécule qui anime à la fois le corps et l'esprit. Plus précisément, il s'agit d'un alcaloïde, une substance organique végétale qui contient de l'azote. À l'état pur, la caféine consiste en une poudre blanche qui ressemble à la farine et qui a un goût amer. Son utilisation date de la préhistoire et est directement en lien avec les vertus mentionnées précédemment. À cette époque, on mastiquait les feuilles des plantes en renfermant pour en retirer

les bienfaits. Encore de nos jours, des agriculteurs et certains peuples indigènes (en Amérique latine, par exemple) mâchent les fruits et les feuilles des plantes, à l'état brut, afin de se revigorer.

Nous ne savons pas exactement pourquoi certaines plantes contiennent de la caféine, mais la principale hypothèse veut que celle-ci soit une forme de protection contre les bactéries, les insectes, les champignons, etc. La présence de la caféine dans le corps humain accélère les pulsations cardiaques et dilate les vaisseaux sanguins. Contrairement à certaines croyances, ses effets se font sentir rapidement, généralement dans la demi-heure qui suit son ingestion, puis disparaissent au bout de quelques heures.

Les infusions caféinées

Il existerait sept aliments contenant naturellement de la caféine, dont cinq sont plus connus. Il s'agit du thé, du café, du cacao, du guarana et du maté. Comme ces plantes sont toutes couramment utilisées pour la préparation d'infusions, nous vous les présentons brièvement, à l'exception du thé, dont il a été abondamment question au cours des pages précédentes.

Le café
On sépare radicalement le thé et le café. On a généralement une vision du thé plus orientale, alors qu'on considère le café comme une boisson résolument occidentale. Mais cela est de moins en moins le cas. Plusieurs pays asiatiques apprécient et incluent le café à leurs habitudes quotidiennes. Et nous sommes à même de constater l'émergence de salons de thé un peu partout au Québec.

■ Un brin d'histoire. La découverte des vertus stimulantes du café est liée à une anecdote... plutôt ludique! Ce serait un berger du Yémen qui aurait, pour la première fois, remarqué les propriétés stimulantes du caféier, l'arbre à l'origine des savoureux grains. Ce berger aurait constaté l'agitation inhabituelle de ses brebis lorsque celles-ci mangeaient feuilles, fruits et graines de l'arbre. L'histoire rapportant la découverte du café est peut-être

moins mythique que certains récits relatant celle du thé, mais elle est nettement plus rafraîchissante !

La renommée du café se fit, dans un premier temps, dans le monde arabe, au Yémen. Les musulmans, ne pouvant consommer d'alcool, l'appréciaient énormément, entre autres pour ses propriétés énergisantes. « Café » se dit *« Khawah »* en arabe, ce qui a le sens de « revigorant ». Puis, à partir du Yémen, les grains se sont mis à voyager, de la ville portuaire yéménite de Moka, jusqu'en Égypte, en passant par l'Arabie saoudite. La consommation de café se répand ainsi tout d'abord dans le monde arabe avant de rejoindre l'Europe. L'Occident l'adopte tardivement, mais elle s'y propage cependant rapidement. Méconnue des Européens avant le XVIe siècle, il est déjà boisson courante à Venise au début du XVIIe siècle, même s'il a au départ mauvaise réputation auprès des membres du clergé, du fait qu'il excite les esprits. Puis ce fut les Allemands, les Anglais et les Hollandais qui s'entichèrent à leur tour de cette boisson stimulante. Un peu plus tard, les Français l'ajouteront à leur quotidien. Ceux-ci le consomment, encore aujourd'hui, en très grande quantité.

■ Préparation et effets. Les principales méthodes de préparation du café sont l'infusion (dans une cafetière à piston, de style Bodum), la décoction (méthode ancestrale, que l'on appelle également « à la turque », qui consiste à faire bouillir l'eau et les grains dans une casserole), la lixiviation (méthode la plus utilisée au Québec, celle du percolateur), la percolation (dans une cafetière italienne posée sur la cuisinière), et la percolation sous haute pression (en utilisant une machine à espresso professionnelle). Toutes se rapprochent plus ou moins de l'infusion dans la mesure où l'on met en contact les grains de café avec de l'eau chaude afin d'en retirer les propriétés et les saveurs. La méthode de préparation du café, de même que la mouture et la torréfaction, influe sur son apport en caféine. Plus les grains de café passent du temps dans l'eau, plus ils libèrent de caféine. La méthode de la cafetière à piston donne des cafés plus caféinés (parce qu'ils infusent longuement), surtout s'il s'agit d'un café brun. En effet, plus les grains sont torréfiés (et donc, foncés), plus ils perdent de leur caféine. De

même, les grains moulus très finement libéreraient davantage de cet alcaloïde. La tasse d'espresso, et en particulier d'espresso court, est donc celle qui contient le moins de caféine.

On parle beaucoup des propriétés stimulantes du café, de plus en plus de ses propriétés antioxydantes, mais moins du simple plaisir de le boire et de la sensation de réconfort et de bien-être qui en résulte. Sa belle présence en bouche, sa chaleur et les nuances de ses saveurs y sont certainement pour beaucoup, mais ses composés chimiques y participent aussi. Une boisson à consommer occasionnellement ou régulièrement, mais toujours idéale pour être partagée.

Le cacao

L'infusion de cacao (le fameux chocolat chaud) est un classique. Mais le cacao revêt différentes formes. Nous le mangeons d'ailleurs plus souvent que nous le buvons.

■ Un brin d'histoire. Si l'expression «boisson des dieux» s'applique au thé pour les Asiatiques, celle de «nourriture des dieux» désigne la préparation à base de cacao pour les peuples aztèques et mayas qui furent les premiers à en utiliser les fèves. On doit leur importation en Europe à Hernando Cortez, conquistador de l'empire aztèque, qui les découvre en 1519 pour les rapporter, par la suite, en Espagne. Comme c'était le cas pour le thé et le café, les produits à base de cacao étaient le privilège de l'élite et de la haute société en général, à cause de leur prix exorbitant.

■ Préparation et effets. Les produits à base de cacao prennent plusieurs formes, dont voici les principales. La première et non la moindre est la boisson chocolatée, souvent reliée à des souvenirs d'enfance et communément appelée «chocolat chaud» au Québec. On l'obtient par décoction de la poudre de cacao. Ce délice est connu partout dans le monde et il en existe donc différentes versions, mais la plus simple consiste à faire bouillir le cacao dans de l'eau ou du lait. À cette préparation, on ajoute généralement du sucre, de la crème, parfois des épices, certains alcools ou de la crème fouettée. On peut également apprêter le chocolat en plaques. Celles-ci seront utilisées entre autres pour la

confection de confiseries et de pâtisseries. Puis, il y a les tablettes de chocolat, qui se divisent en plusieurs catégories : les tablettes fantaisies (aussi appelées friandises chocolatées) dans lesquelles le cacao est souvent remplacé par de la liqueur de chocolat : les tablettes de chocolat noir (qui doit renfermer au moins 40 % de cacao), de chocolat au lait (contenant entre 25 et 40 % de cacao) et de chocolat blanc (qui ne compte pas de cacao parmi ses ingrédients, mais seulement du beurre de cacao).

Très nourrissant, le chocolat contient des protéines et des lipides. Il renferme également une faible quantité de caféine, mais elle est suffisante pour tonifier le corps et l'intellect. On lui connaît également des propriétés antioxydante, hydratante (le beurre de cacao nourrit la peau) et diurétique. Il aiderait aussi à la dissolution des lipides dans le corps et à l'apaisement. Par-dessus tout, le chocolat est synonyme de bien-être. Mais attention ! Ses propriétés bienfaisantes ne s'appliquent qu'à vous et non à vos animaux domestiques. Le chocolat est même très toxique pour la plupart d'entre eux, en particulier pour les chiens. Il est donc fortement déconseillé de récompenser Toutou en lui donnant un morceau de votre tablette de chocolat.

Le guarana

Le guarana a largement gagné en popularité en sol nord-américain au cours de la dernière décennie. On le retrouve le plus souvent dans des boissons énergétiques.

■ Un brin d'histoire. Les Satérés Mawés, peuple de l'Amazonie brésilienne, connaissent et utilisent le guarana depuis la nuit des temps, ayant reconnu en lui des vertus stimulantes. Ils le considèrent d'ailleurs comme une entité à part entière, un peu comme un père spirituel. Ils en consomment les graines séchées ou le préparent en infusion. Lorsqu'ils partent en forêt des journées entières, ils n'apportent souvent que des bâtons de guarana pour toute provision. C'est au botaniste allemand F.C. Paullini que l'on doit son implantation en Europe au XVIIIe siècle.

■ Préparation et effets. Le guarana se consomme surtout en infusion préparée à partir des graines moulues, quoique, comme

mentionné précédemment, on peut également en consommer les graines séchées. Des sachets à infuser contenant du guarana ou de la poudre de guarana se vendent régulièrement dans les boutiques d'aliments naturels. On les utilise pour leurs propriétés stimulantes et antifatigue. C'est pourquoi le marché des boissons énergétiques a, il y a quelques années, jeté son dévolu sur cet aliment d'exception. En effet, la graine de guarana est, de nos jours, l'aliment répertorié qui contient le plus haut taux de caféine au monde. Mais, comme dans le cas du thé, l'alcaloïde est absorbé très lentement par le corps et donc, son effet dure plus longtemps. Aussi, le guarana ne brusque pas le rythme cardiaque et ne provoque ni anxiété ni insomnie. Il améliore cependant la capacité de concentration, la mémoire, et combat les maux de tête. Excellent pour le système digestif, il réduit l'appétit en diminuant la sensation de faim. Les graines du guarana contiennent aussi beaucoup d'autres nutriments comme des vitamines et des sels minéraux, qui en font un aliment précieux.

Le maté

Le maté est moins connu que les aliments présentés précédemment, mais il gagne à être découvert, puisque très nutritif et vitaminé. On peut tout de même le retrouver dans certaines épiceries sous forme de tisane en sachet. Plusieurs salons de thé en offrent également.

■ Un brin d'histoire. Autre boisson ancestrale, le maté (ou *yerba maté*) est, depuis toujours, connu des Guaranis, peuple indigène d'Amazonie. Il était à la base de leur régime alimentaire et ils le consommaient en mastiquant ses feuilles ou en le préparant en infusion. Ils en estimaient fortement les propriétés nutritionnelles et médicinales. Les Guaranis utilisaient également le maté lors de certains rituels sacrés. Il occupait donc une place de choix dans leur univers social, d'autant plus qu'ils s'en servaient aussi à des fins de troc (comme c'était le cas pour le thé en Asie).

■ Préparation et effets. Le maté est la boisson nationale de l'Argentine. Une vieille tradition voulait que les jeunes femmes servent des matés à leurs prétendants qui devaient deviner, à la manière dont il était apprêté (chaleur, sucre et épices), les senti-

ments de leur belle à leur égard. La boisson de maté se prépare avec *una pava* (une bouilloire) et se boit avec *una bombilla* (une paille). On verse le liquide dans des tasses sans anse, dont il existe une multitude de modèles en différents matériaux. On le prépare selon différentes techniques : infusion, décoction, maté *cebado* (la forme traditionnelle, qui tient de la cérémonie) ; mais toutes, finalement, sont des types d'infusion. On peut le consommer glacé, sucré ou non, y ajouter du jus d'agrumes ou des épices... Bref, il est très polyvalent !

La culture des pesticides et des engrais de synthèse a très peu envahi les étendues de terre où l'on cultive le maté. Sans pouvoir dire qu'il est 100 % biologique, le maté est, encore aujourd'hui, très peu contaminé par les engrais et les pesticides chimiques. Voici donc une excellente raison de le consommer. Mais il y en a d'autres ! Le maté est très nutritif et concentré en minéraux. Il s'avère un supplément alimentaire idéal, surtout pour les personnes qui consomment peu de légumes. On raconte d'ailleurs que des hommes ayant été contraints de ne consommer que du maté pendant plusieurs semaines n'ont pourtant pas souffert de carences nutritionnelles. De plus, la caféine qu'il contient stimule le système nerveux et favorise toute activité physique et intellectuelle. On lui connaît aussi des propriétés euphorisantes, antifatigues, antioxydantes et coupe-faim. On le retrouve maintenant facilement, sous forme de sachet ou en vrac, en épicerie et dans plusieurs salons de thé et herboristeries.

À cette liste, nous pouvons également ajouter :

La kola

La noix de kola est le fruit d'un arbre du même nom connu en Afrique et en Amérique du Sud. On lui reconnaît des propriétés stimulantes et aphrodisiaques. La caféine qu'elle contient se libère lentement et, ainsi, ses effets s'étendraient sur plusieurs heures. Mais n'essayez pas de vous en procurer... elle est illégale au Canada !

Le yaupon

Aussi appelé *Ilex vomitoria*, le yaupon est une sorte de houx (plante vert foncé au feuillage piquant que l'on voit beaucoup dans le temps des fêtes) en provenance de l'Amérique du Nord (surtout du sud des États-Unis et du Mexique). Il s'agit d'un arbrisseau qui n'atteint pas les dix mètres. Les autochtones utiliseraient ses feuilles et ses baies pour la préparation de certains rites purificatoires et d'union sexuelle.

Le yoco

Le *Paullinia yoco* est une plante de la famille des rubiacées et un proche cousin du guarana. Il peut atteindre les 30 mètres et produit fleurs et fruits. On le retrouve au Gabon et au Cameroun. On utilise son écorce en décoction à des fins médicinales. On dit de lui qu'il enlève la sensation de faim, de fatigue et qu'il est aphrodisiaque.

En bref

La caféine, prise sur une base régulière et consommée modérément, possède plusieurs effets salutaires. Vous aurez d'ailleurs remarqué que les aliments mentionnés précédemment possèdent plusieurs vertus en commun. Les bienfaits. Cet alcaloïde diminue les effets de la fatigue et accroît l'attention de même que la capacité de concentration. Il éclaircit les pensées. Il a un effet euphorisant, entraîne la sensation de bonne humeur et de bien-être. Son action diurétique est bénéfique lorsqu'il est ingéré avec retenue : elle permet d'éliminer les toxines. Consommé avec excès, cependant, il peut devenir néfaste : de trop uriner fait perdre beaucoup de sels minéraux essentiels au bon fonc-

tionnement de l'organisme. Les méfaits. Il existe malheureusement d'autres effets négatifs à la surconsommation de caféine. Les gens qui usent de trop d'aliments caféinés en ressentent moins les bienfaits. Lors de l'arrêt de la consommation (volontaire ou obligée), une personne peut se sentir lasse, voire déprimée, et avoir des maux de tête. Boire des tisanes à la menthe poivrée aide énormément à combattre ce dernier inconfort. Aussi, n'oubliez pas que le fait d'ingérer de la caféine n'enraye pas la fatigue : cela en diminue seulement les symptômes. Le seul véritable antidote à la fatigue est le repos.

Boissons sans caféine

Les plantes nécessaires à la préparation d'infusions sont, la plupart du temps, assez faciles d'accès. Quoique l'on puisse utiliser des herbes fraîches du jardin, on utilise généralement des plantes séchées pour préparer les infusions. Elles se trouvent plus facilement, ne nécessitent aucune manipulation et se conservent longtemps. On peut parfois les trouver en épicerie au rayon des épices ou des produits en vrac, mais on les retrouve généralement dans les épiceries fines ou d'aliments naturels de même que dans les herboristeries. C'est une bonne idée de les acheter biologiques lorsque c'est possible : on retire ainsi tous les bienfaits des plantes sans se préoccuper des effets nocifs des pesticides chimiques.

On doit habituellement compter 5 ml (1 cuillère à thé) de plantes séchées pour 250 ml (1 tasse) d'eau. Pour la préparation, on procède comme pour le thé : on dépose les plantes dans une théière ou dans une tasse, on laisse infuser quelques minutes et on filtre la boisson à l'aide d'un petit tamis ou d'une étamine (coton à fromage) avant de la consommer (si votre théière n'est pas déjà munie d'un filtre). Il est également possible d'utiliser une boule à thé ou une pince dans laquelle on insère les feuilles, fruits, fleurs, etc. à être infusés. Cette méthode est toutefois moins recommandée, puisque les feuilles, à l'étroit, ne peuvent pas libérer pleinement leurs saveurs et leurs propriétés. Il existe évidemment des sachets de tisane tout prêts. Ils sont pratiques puisqu'ils sont faciles à dénicher et simples d'utilisation. Les plantes utilisées sont par contre généralement moins fraîches que celles que l'on trouve dans les herboristeries et le goût de même que les propriétés médicinales s'en trouvent affectés.

Infusions susceptibles de remplacer le café du matin

Quoique la caféine se retrouve naturellement dans plusieurs aliments, certaines personnes n'en supportent pas bien les effets. D'autres préfèrent simplement l'éviter pour des raisons de valeurs ou de restrictions alimentaires. Quelles que soient ces raisons, il existe heureusement de nombreuses autres possibilités en matière d'infusion. Il est intéressant d'en faire l'essai. Elles se consomment souvent chaudes ou froides. Certaines possèdent des qualités gustatives délicates, d'autres, plus acidulées ou épicées. Elles ont tantôt des propriétés apaisantes, revigorantes, et de véritables vertus médicinales. Un peu réticent ? Laissez tomber votre scepticisme et plongez-vous dans l'univers des infusions sans caféine. Quelques-unes vous surprendront : elles émerveilleront vos papilles, soigneront votre corps et calmeront vos esprits.

- LE ROOIBOS. Bien que nous l'appelions «thé rouge», le rooibos (ou *Aspalathus linearis*) n'est pas un thé, puisqu'il ne provient pas de la plante *Camellia sinensis*, mais bien d'une plante qui vient de l'Afrique du Sud. Il se cultive d'ailleurs exclusivement dans ce coin du monde. Son surnom lui vient de la couleur rougeâtre de son infusion. Il possède des propriétés antioxydantes. Le rooibos n'est pas nécessairement un stimulant, mais ses arômes sont doux et il a du corps. Il est agréable de le boire nature (la façon la plus courante) ou à la manière sud-africaine, c'est-à-dire additionné de lait et de sucre. On peut également en faire une version chai, dans laquelle on ajoutera lait, sucre et épices tels la cannelle, la cardamome, le clou de girofle, le gingembre et parfois même le poivre noir (voir recette à la page 117). Il est très polyvalent ; vous pourrez donc le parfumer à votre goût et ainsi, vous ne serez pas trop dépité de ne pas déguster votre café matinal. (Voir photo à la page 135.)
- LE HONEYBUSH. Le *Cyclopia* est en quelque sorte le cousin du rooibos, auquel il s'apparente sur plusieurs points. Lui aussi vient de l'Afrique du Sud et ses feuilles ont la même apparence, bien qu'elles soient toutefois un peu moins rouges, plus dorées. La saveur de l'infusion du honeybush est aussi plus délicate, d'où son nom mielleux.

■ LE ROMARIN. Le *Rosmarini officialis* provient d'un arbrisseau qui pousse surtout près de la Méditerranée. Agissant un peu comme la caféine, il est très stimulant, à la fois du point de vue du système nerveux central et de la circulation. En plus d'être un tonique hors pair, il est diurétique, aide à la digestion et à combattre les maux de tête. Le romarin est toutefois déconseillé aux femmes enceintes puisqu'il stimule la circulation dans la région pelvienne et l'utérus. Puisqu'il est très aromatique, certains préféreront l'adoucir avec un peu de miel. L'infusion de romarin est idéale pour commencer la journée ou pour contrer les coups de barre de l'après-midi. (Voir photo à la page 134.)

■ LE THYM CITRONNÉ (OU THYM CITRON). Faisant partie de la famille des *Lamiacées*, le *Thymus x citriodorus* est un petit arbuste qui pousse sur les bords de la Méditerranée. Ses feuilles ont un goût naturellement parfumé au citron. Il est un excellent stimulant du système circulatoire et nerveux central. En outre, l'infusion de thym citronné est agréable parce qu'il est aromatique et a un petit quelque chose d'exotique. De quoi bien commencer la journée!

■ LE GINGEMBRE. Provenant du continent asiatique, le *Zingiber officinale roscoe* est très utilisé tant en médecine conventionnelle qu'en médecine alternative. Stimulant général, il est également bénéfique pour les troubles digestifs (particulièrement ceux reliés au foie) et les nausées. Les infusions, mais aussi le gingembre confit, soulagent les maux de cœur. Il est donc bon d'en avoir à portée de main en début de grossesse et lorsqu'on souffre du mal des transports. On le dit aussi aphrodisiaque. Fait intéressant, il rehausse les effets des autres plantes lorsqu'il leur est combiné. Il se marie d'ailleurs très bien avec plusieurs d'entre elles (par exemple, la cannelle, la cardamome, le curcuma, etc.). Le gingembre favorise également la sudation, c'est pourquoi il est bon de le consommer lorsque l'on est malade: hausser la chaleur du corps aide à combattre les microbes. La saveur épicée (voire piquante) de son infusion réchauffe le corps et l'esprit. (Voir photo à la page 135.)

■ LA CANNELLE. Plusieurs pays récoltent la cannelle (*Cinnamomum zeylanicum*), mais on dit que la meilleure provient du Sri Lanka. Cette écorce est un euphorisant naturel et elle possède des propriétés digestives. Stimulante et chaleureuse, elle est bonne à boire durant les froids matins d'hiver. Elle est aussi soi-disant aphrodisiaque. Le corps réagit à la cannelle comme il réagit au sucre, elle est donc idéale pour contrer le fameux *sugar rush*. D'ailleurs, elle est très bénéfique pour les diabétiques parce qu'elle régularise la glycémie. En infusion, sa saveur épicée et réconfortante est idéale pour commencer la journée du bon pied. (Voir photo à la page 134.)

■ LE GINSENG SIBÉRIEN. L'*Eleutherococcus senticosus* augmente les capacités physiques et mentales comme le fait la caféine. Attention cependant, il peut faire augmenter la tension.

■ LA RHODIOLA. De la famille des *Crassulaceae*, la rhodiola (*Rhodiola rosea*) pousse dans des régions plutôt froides et montagneuses. Merveilleux tonique, la rhodiola stimule les facultés mentales et aide à combattre la fatigue et le stress. Son infusion (que l'on prépare en décoction parce qu'on en utilise la racine) est idéale pour les durs matins suivant une nuit blanche. Elle est également à consommer lors de périodes de stress intense, de grande fatigue ou de dépression.

Les **tisanes**

Plusieurs sont sceptiques, voire réfractaires, à l'idée de boire une tisane. Ils les considèrent comme un vieux remède dépassé. Vieilles, effectivement, elles le sont! Datant probablement de l'Antiquité ou même avant. D'ailleurs, la tisane est si âgée que nous ne connaissons pas son origine exacte. Sa naissance reste donc un peu floue, mais nous savons que l'intérêt que l'être humain porte aux propriétés curatives des plantes est l'un des plus lointains qui soient. On attribuait anciennement aux infusions des pouvoirs d'immortalité. Si ces croyances ont disparu depuis belle lurette, reste que la consommation de tisane sur une base régulière est salutaire et qu'elle peut vraisemblablement prolonger l'espérance de vie.

Un autre important avantage des tisanes est qu'elles permettent de réduire notre consommation de caféine, de sucre et d'alcool. Pas toujours conscients de nos habitudes alimentaires, nous ingurgitons café, boissons énergétiques, boissons gazeuses, jus de fruits (même 100 % naturel, ils sont sucrés), etc. à outrance. L'accumulation de toxines dans l'organisme entrave son activité et a des effets sur les réserves d'énergie (à court et à moyen terme) et sur la santé globale des individus (à plus long terme). Nous aurions donc tout avantage à remplacer, de temps à autre, certaines boissons par une tisane, laquelle n'entrave pas le bon fonctionnement du métabolisme. Les infusions participent, de toute manière, à atteindre la consommation idéale d'eau, soit d'un litre à un litre et demi quotidiennement. Voici donc toute une liste de plantes à infuser si vous souhaitez les intégrer à vos habitudes. De plus, vous pouvez concocter des mélanges (ou demander à un herboriste de le faire pour vous), puisqu'il n'est pas nécessaire d'infuser une seule plante à la fois. Notez cependant que les infusions ne sont pas des médicaments. Elles peuvent atténuer certains maux et faciliter la digestion, le sommeil, etc., mais ne règlent pas des problèmes de santé graves. La consommation de tisanes ne peut jamais remplacer l'avis

d'un médecin et donc, en cas de troubles physiques et psychologiques majeurs, ou de doutes en lien avec l'ingestion de certaines plantes, mieux vaut consulter un professionnel de la santé.

Les tisanes vivifiantes

Pour augmenter votre vitalité ou pour combattre les coups de barre, vous pouvez utiliser :

- LA MENTHE POIVRÉE. Tonique, la *Mentha x piperita*, comme c'est bien connu, aide également à la digestion. Elle diminue les inflammations des muqueuses et les ballonnements, puisqu'elle expulse les vers et les gaz intestinaux. Aussi antiseptique, elle combat les microbes et les symptômes du rhume et favorise l'écoulement nasal. La menthe poivrée calme également les nausées, les maux de tête et est aphrodisiaque. Son goût est rafraîchissant. Elle peut facilement se boire chaude ou glacée, additionnée de sucre ou non. Il faut éviter de la prendre le soir cependant, sauf si vous souhaitez passer la nuit debout. À fortes doses, elle peut gêner les effets de certains médicaments. Dans l'incertitude, il vaut mieux consulter un herboriste ou un pharmacien.
- L'HIBISCUS. Cette infusion à base de fleurs est la boisson nationale en Guinée et en Égypte, mais elle est aussi bue en abondance dans une multitude d'autres pays comme le Sénégal et plusieurs régions d'Amérique latine. L'*Hibiscus sabdariffa* est antibactérien et purifiant. Il aide à régulariser le cholestérol et à évacuer les toxines par les voies urinaire et sudoripare. L'hibiscus est bon pour les maux de gorge et il est riche en antioxydants de même qu'en vitamine C. Son infusion produit une belle coloration rouge et est caractérisée par un goût acidulé. Elle peut aussi être utilisée pour la préparation de glaçons, lesquels enjolivent les rafraîchissements et leur donnent une saveur exquise. Il existe plusieurs sortes d'hibiscus ; ne vous risquez pas à infuser celles qui servent de décoration dans votre salon ! (Voir photo à la page 135.)
- LE GINKGO. Augmentant la circulation du sang vers le cerveau, le ginkgo (ou *Ginkgo biloba*) améliore la concentration

et la mémoire. Il serait même utilisé auprès des patients souffrant de la maladie d'Alzheimer. Le ginkgo possède de fortes
propriétés antioxydantes, qui aident à protéger les cellules
du vieillissement.

- BASILIC SACRÉ OU TULSI. Le basilic sacré (*Ocimum sanctum*)
est la plante des mille et une vertus, elle est donc à consommer
sur une base régulière. Tonifiante et adaptable, elle contribue
à augmenter le niveau d'énergie et à le conserver, dans la
mesure où elle permet au corps de mieux gérer les effets
physiologiques négatifs du stress. Le basilic sacré aide aussi
à baisser le taux de glycémie (il convient donc aux personnes
souffrant de diabète) et de cholestérol. De même, il favorise
la digestion et renforce le système immunitaire. On l'utilise
d'ailleurs pour soigner le rhume, la grippe et les maux de
tête qui leur sont reliés, d'autant plus qu'il aide à réchauffer
le corps.

- BACOPA OU HYSOPE D'EAU. *Le Bacopa monnieri* est une
plante vivace qui produit des fleurs blanches ou bleu pâle.
C'est un tonique naturel qui contribue à dynamiser le corps
et l'esprit. Antifatigue, il participe à maintenir un niveau de
concentration adéquat lors de tâches mentalement exi-
geantes. Il est d'ailleurs utilisé pour les gens souffrant de
déficit de l'attention et d'anxiété. Le bacopa aide également du
point de vue de la mémoire, du système nerveux et il facilite-
rait les sevrages de toutes sortes. Les Chinois s'en serviraient
aussi pour les troubles érectiles et la stérilité.

Les tisanes calmantes

Les fins de soirées sont des moments propices aux infusions. Voici des
classiques que vous pourrez accompagner d'un livre, d'un film ou d'une
agréable compagnie :

- LA MENTHE DOUCE (OU MENTHE VERTE). Possédant les
mêmes vertus que sa cousine, la menthe poivrée, la *Mentha
viridis* est cependant calmante plutôt que stimulante. Mais
attention : à fortes doses, elle peut également gêner les effets
des traitements pharmaceutiques.

■ LE TILLEUL. Calmant, le tilleul (*Tilla europeana*) ralentit l'activité du métabolisme. Il atténue les palpitations, le stress et l'anxiété. Il est un relaxant musculaire naturel et il est donc parfait pour les courbatures. Son action chauffante (il facilite la sudation) en fait la parfaite tisane pour les soirées d'hiver. Il aide également à combattre les insomnies, mais attention, infusé trop longtemps, il peut provoquer l'effet contraire!

■ LA FLEUR D'ORANGER. Aussi appelée *Citrus vulgaris*, la fleur d'oranger est apaisante. Elle aide à diminuer le stress et les insomnies qui y sont liées. On en donne d'ailleurs aux petits enfants, aux bébés agités de même qu'aux personnes souffrant de troubles cardiaques. Elle possède également des propriétés digestives. Elle est, par conséquent, la tisane tout indiquée pour conclure le repas du soir, puisqu'elle en facilitera l'assimilation tout en préparant au sommeil.

■ LA LAVANDE. La *Lavandula angustifolia* est très polyvalente. L'infusion de ses fleurs est non seulement calmante, mais elle est aussi digestive (elle aide entre autres pour les crampes et les sensations de ballonnement), diurétique, antiseptique et cicatrisante. En outre, son huile essentielle aide à éloigner les insectes et à en apaiser les piqûres et les morsures. Elle cicatrise et aide à combattre les infections de toutes sortes. Elle est particulièrement efficace pour les brûlures: on l'utilise même dans les hôpitaux avec les grands brûlés. Elle est également connue pour soulager les migraines. La lavande aide à diminuer l'angoisse et l'anxiété. Elle favorise aussi le sommeil. Son parfum est agréable et a quelque chose d'apaisant. Sa saveur est florale, très parfumée et légèrement sucrée. Essayez-la infusée dans du lait... le résultat vous surprendra! Son seul défaut: elle est déconseillée aux personnes diabétiques sous insuline.

■ L'ASTRAGALE. Plante très nutritive, possédant des vitamines et des vertus antioxydantes, l'*Astragalus membranaceus* est un autre bon exemple de tisane favorisant le repos. Elle aide aussi à se préparer à la saison froide, puisqu'elle renforce le système immunitaire et prévient les troubles liés au système respiratoire. Elle peut donc aussi aider lors de maladies (mais pas lors d'infections) ou lorsque l'on se sent faible et sans énergie. Lors des froides soirées d'hiver, vous en apprécie-

rez les propriétés chaleureuses avant de vous glisser sous la couette.

■ CAMMOMILLE. La *Matricaria chamomilla* est un classique en matière de relaxation. Sa réputation calmante n'est pas à faire. Cependant, on connaît moins ses vertus digestives : elle contre les ballonnements et les ulcères d'estomac et soulage les côlons irritables. Elle apaiserait aussi les peaux sèches et les démangeaisons.

Les tisanes digestives

Un trop-plein du temps des fêtes ou causé par des excès répétés ? Une période de stress entrave votre digestion ? Jetez un coup d'œil aux plantes qui suivent :

■ LA MENTHE POIVRÉE ET LA MENTHE DOUCE. Voir p. 54-55

■ LA SAUGE. Elle aide la digestion et évite les sensations de ballonnements et les flatulences. Si vous souffrez de malaises après un repas, une infusion de sauge est tout indiquée. Elle opère très rapidement, mais doit cependant être consommée avec modération. Une tasse suffit, et pas sur une base régulière. Les tisanes de *Salvia officinalis* sont d'ailleurs à proscrire durant la grossesse : elles peuvent entraîner une fausse couche. La sauge affaiblit les douleurs liées aux menstruations et les bouffées de chaleur durant la ménopause.

■ LE CURCUMA. Le *Curcuma longa* facilite la digestion en général, mais ses bienfaits pour le foie sont particulièrement notables. Idéal pour les «cures de foie», il encourage la sécrétion de la bile. Le curcuma combat également les bactéries et les parasites. Anti-inflammatoire naturel, il a un effet apaisant en cas de douleurs musculaires et articulaires. Il possède également des antioxydants et on dit qu'il prévient le cancer. Il n'est pas nécessairement évident de consommer la poudre de curcuma en infusion seule (tous n'apprécient pas sa saveur et sa sensation astringente), mais elle peut facilement compléter une autre infusion ou être utilisée en cuisine.

■ LE GINGEMBRE. Voir p. 50.

■ LE FENOUIL. Le *Foeniculum vulgare* est excellent pour le système digestif, tout spécialement pour la zone intestinale. Si ballonnements et gaz vous indisposent à la suite d'un repas, une infusion de fenouil réglera instantanément le problème. Il calme également les coliques des nouveau-nés, puisqu'il rend le lait maternel plus digeste. Il en facilite d'ailleurs la production. Sa boisson au goût anisé est appréciée de plusieurs.

En vrac

Pour les problèmes de circulation légers (cellulite ou pieds froids, par exemple), les maladies saisonnières (rhumes et grippes) et autres petits maux, on peut faire appel à certaines plantes. Celles qui suivent sauront probablement vous aider :

■ AUBÉPINE. L'aubépine (ou *Crataegus*) est multifonctionnelle, selon qu'on utilise ses fleurs ou ses feuilles. Dans le premier des cas, elle réduit la tension artérielle, et relaxe l'organisme tout entier. Dans le deuxième, elle s'avère un excellent tonique cardiaque. Paradoxal, n'est-ce pas ? Il est d'ailleurs préférable de ne pas ingérer fleurs et feuilles en même temps.

■ FEUILLE DE PISSENLIT. Le *Taraxacum officialis* est une bonne plante à utiliser pour la détoxification du corps. Elle favorise l'élimination et travaille sur plusieurs organes à la fois : le pancréas, le foie, les reins, etc. Elle est d'ailleurs idéale pour retaper un foie engorgé.

■ VERVEINE CITRON. La *Lippia citriodora* est la tisane de soirée par excellence. Pas étonnant puisqu'elle aide à la fois à la digestion et à la relaxation. De plus, la verveine citron aide à combattre la fièvre, l'anxiété, les spasmes musculaires et les mycoses (petits champignons).

■ THYM. Le thym (ou *Thymus vulgare*) est très pratique parce qu'il se retrouve dans toutes les armoires à épices. Il est aussi très polyvalent puisqu'il favorise la digestion, stimule l'organisme en entier, fluidifie le sang et est également antiseptique.

■ LE SUREAU. Ce sont ici les fleurs et les fruits du *Sambucus nigra* qui sont utilisés. Le sureau est à avoir à portée de main lorsque les temps plus froids sont à nos portes et que rhumes

et grippes courent. Il est en effet reconnu pour atténuer les symptômes de ces maladies de même que les symptômes d'allergies : il aide à apaiser la fièvre et soulage la congestion nasale. Par conséquent, il aide aussi à mieux dormir lorsqu'enrhumé. Notez aussi qu'il convient parfaitement aux enfants.

- LA PRÊLE. L'*Equisetum arvense* est très utile dans la régénération de l'organisme. Il favorise par exemple la pousse des cheveux de même qu'il aide à guérir certaines blessures telles des fractures ou des lésions articulaires. La prêle est d'ailleurs utilisée afin de réduire les douleurs articulaires tels le rhumatisme, l'arthrose, etc. Consultez cependant un professionnel de la santé si vous êtes médicamenté, puisque cette plante pourrait déranger certains traitements.

- L'ORTIE. L'*Urtica dioica* est une des plantes médicinales les plus prisées à cause de sa polyvalence. Elle est un tonique général (idéale d'ailleurs pendant la grossesse) et est diurétique et anti-inflammatoire. L'ortie est aussi idéale pour libérer le corps de ses toxines. Elle est fréquemment utilisée pour des problèmes de peau, entre autres pour la cellulite : elle favorise la circulation et attaque les toxines en douceur. Attention, cependant, si vous consommez des médicaments ! Les feuilles d'ortie pourraient entraver leur bon fonctionnement dans l'organisme.

Les tisanes autochtones

Les tisanes Délice boréal sont des tisanes autochtones dont les plantes sont cueillies par des Inuits, lesquels participent d'ailleurs à tout leur processus de préparation et de vente. Ce projet est une initiative de l'Institut culturel Avataq et a pour but de faire découvrir la culture et les produits de la forêt canadienne, utilisés à des fins médicinales depuis des siècles par les Inuits. Offertes en cinq mélanges traditionnels, les tisanes Délice boréal sont d'une très grande qualité en plus d'être simple d'utilisation. Si vous souhaitez les essayer, rendez-vous sur leur site Internet pour connaître les points de vente : www.deliceboreal.com/fr/.

Les herboristeries

Si vous avez la chance d'habiter à proximité d'une herboristerie, allez y faire un tour. Les herboristes présents se feront un plaisir de vous concocter des mélanges selon vos goûts personnels et vos besoins du moment, tout en vous expliquant le rôle que chaque plante joue dans l'organisme. S'il n'y a pas d'herboristerie près de chez vous, sachez que certains herboristes travaillent dans des magasins d'aliments naturels. Informez-vous et, avec un peu de chance, vous pourrez bénéficier des conseils d'un expert. L'achat de plantes séchées peut paraître dispendieux sur le coup, mais vous remarquerez que de se procurer herbes, fruits séchés, épices et racines en vrac revient généralement moins cher que d'acheter des tisanes déjà toutes prêtes et ensachées à l'épicerie. Vos tisanes en vrac dureront plus longtemps que celles du supermarché. De plus, elles sont écologiques puisqu'elles nécessitent moins d'emballage, les herbes qu'elles contiennent sont inévitablement plus fraîches et elles proviennent de marchands (et parfois même de producteurs) régionaux. De même, en achetant vos infusions en vrac chez l'herboriste ou dans des boutiques spécialisées, vous encouragez de petits commerces et des gens d'ici. Certaines adresses données dans la section « Les bonnes adresses à travers la province » (page 122) sauront mieux vous diriger. Vous pouvez également consulter la Guilde des herboristes à l'adresse suivante : www.guildedesherboristes.org.

Les ateliers

En terminant, plusieurs herboristeries offrent cours, ateliers, dégustations… pour les gens soucieux de leur santé, les amoureux des plantes ou les curieux, tout simplement ! Voici quelques exemples d'ateliers que vous pouvez y suivre :

■ LES AMIS DU JARDIN BOTANIQUE DE MONTRÉAL est une société de loisir scientifique qui a à cœur l'écologie et les plantes. Les objectifs principaux de cette société sont d'éduquer et de sensibiliser la population à l'environnement, aux vertus des plantes et de réintégrer le champ de la botanique dans les préoccupations actuelles. Les Amis du Jardin botanique offrent des ateliers sur différents volets touchant la

récolte et la transformation des plantes et des fines herbes médicinales. Vous pourrez y découvrir les propriétés de différentes infusions et apprendre à vous soigner par l'entremise de celles-ci. Vous serez aussi en mesure de concocter recettes, onguents, cosmétiques, sirops, huiles et teintures qui vous serviront au quotidien. Vous obtiendrez également des informations concernant la manipulation des plantes (récolte, techniques de séchage, modes de conservation et suggestions de recettes). Certains ateliers incluent même des visites de certaines zones du Jardin reliées à la thématique ou à des dégustations. Le rapport qualité-prix est très intéressant et vous permet de faire d'une pierre deux coups : les ateliers se déroulant au Jardin botanique même, vous pourrez en profiter pour admirer ses magnifiques plates-bandes. La société des Amis du Jardin botanique publie également la revue *Quatre-Temps* qui présente des dossiers scientifiques intéressants de même que des chroniques sur la botanique.

www.amisjardin.qc.ca

■ L'ALCHIMISTE EN HERBE est une très charmante herboristerie de la rue Saint-Denis à Montréal où l'on peut se faire préparer sur mesure des mélanges à infusion. Elle propose également différentes activités reliées aux propriétés médicinales des plantes et à leur utilisation. Grâce à l'expertise de ses herboristes, vous serez en mesure de mieux composer avec l'hiver, en tonifiant et en renforçant votre système immunitaire, et en apprenant à concocter de petits miracles qui vous aideront à mieux faire face aux ravages de notre climat nordique : infusions, pastilles et sirops servant à combattre les infections, la déprime saisonnière, etc.). L'équipe de l'Alchimiste en herbe propose plusieurs autres ateliers tout aussi utiles.

www.alchimiste-en-herbe.com

■ LA BOTTINE AUX HERBES est une autre boutique de la rue Saint-Denis qui propose un éventail d'ateliers intéressants. Elle a pour but de nous introduire à la science des plantes médicinales et ses ateliers abordent les thématiques des plantes sauvages comestibles, de l'aromathérapie, de la fabrication de médicaments naturels, de produits ménagers et esthétiques.

www.bottineauxherbes.com

L'ÉCOLE D'HERBORISTERIE FLORA MEDICINA offre, quant à elle, des cours de base de même qu'une formation professionnelle en phytothérapie. Ses activités visent à encourager et à valoriser l'utilisation de plantes médicinales pour le bien-être de tous. En plus d'offrir des ateliers, l'école possède des boutiques et donne accès à différentes ressources, dont des spécialistes répartis un peu partout à travers la province. http://floramedicina.com/fr.

Si vous habitez à l'extérieur de Montréal, vous pouvez consulter le site Internet suivant pour connaître les services qui sont offerts dans votre région : www.floramedicina.com/fr-article60.html (liste de spécialistes répartis à travers la province) ou encore téléphoner au numéro sans frais suivant : 1 877-356-7201. L'école d'herboristerie Flora Medicina saura probablement vous aider. Et si votre boutique d'herboristerie ou d'aliments naturels préférée n'offre pas d'ateliers, vous pouvez simplement leur faire part de votre intérêt pour la chose. Sans doute ne serez-vous pas seul et peut-être sera-t-elle en mesure de vous offrir des ateliers de qualité d'ici quelques mois ou quelques années.

La **dégustation**

Bien que la tradition du thé se soit répandue un peu partout sur la planète, chaque peuple y a mis son grain de sel, en fonction de son rythme de vie et de ses goûts culinaires et esthétiques, surtout en ce qui a trait aux ustensiles utilisés. Que ces peuples en aient fait une pause bien méritée, une simple boisson du quotidien ou un véritable rituel de partage, chacune des traditions du thé mérite d'être explorée. Voici donc un survol des principales civilisations du thé et des mœurs qui y sont reliées.

Habitudes et rituels

La Chine

Les Chinois boivent énormément de thé en infusion, mais ils le consomment également en le cuisinant et en le mâchouillant, un peu comme le font certains peuples avec le maté et le guarana. D'ailleurs, dans certaines contrées, on ajoute à l'infusion de thé des aliments tels du sésame, du gingembre et des pois. On boit le thé, puis on mange ce qui s'est déposé au fond du verre. Ces régions utilisent d'ailleurs l'expression «manger du thé».

En Chine, on boit principalement du thé vert et oolong. On y privilégie des méthodes d'infusions simples, le plus souvent avec des *zhong*, des théières Yi Xing ou, tout bonnement, dans une bouteille à infusion que l'on traîne sur soi tout au long de la journée, un peu à la manière d'un thermos. Bien que les Chinois aient aujourd'hui quelque peu perdu le sens du rituel du thé (dans la mesure où l'usage, le protocole, se retrouve plus ou moins délaissé), l'habitude d'offrir et de partager le *cha* demeure bien ancrée dans leur quotidien. Un héritage

important de la culture chinoise du thé est le *Gong Fu Cha²*. Il s'agit en réalité d'une méthode d'infusion, mais qui tient davantage du rituel. Encore en usage aujourd'hui, elle montre que la tradition demeure tout de même bien ancrée et que le thé perpétue l'idée d'un certain «art de vivre». La méthode, plus simple au moment de son invention, s'est complexifiée au fil du temps. Elle vise des infusions multiples et convient donc parfaitement aux thés oolong et pu'er. Voici en quoi consiste le *gong fu cha* :

- Il faut d'abord réchauffer les ustensiles. On verse donc de l'eau chaude dans, puis sur la théière (de petit format, 100 à 200 ml tout au plus). Après quelques secondes, on verse cette eau dans le pot de réserve (que l'on appelle *cha hai*), dans les tasses à sentir (*wen xiang bei*) et les tasses à goûter (*cha bei*).
- On met dans la théière la quantité de feuilles idéale à l'infusion, c'est-à-dire de 2 à 3 cuillères à thé combles, selon la théière et la sorte de thé.
- On rince ensuite les feuilles, pour les nettoyer, mais aussi pour les préparer à l'infusion (on ne rince cependant pas les thés verts et blancs). Elles commenceront alors à dégager leurs substances aromatiques. Il faut cependant jeter cette première eau après quelques secondes.
- On procède alors à l'infusion proprement dite. Les premières seront de très courtes durées (moins d'une minute) pour ensuite augmenter (2-3 minutes). On verse l'eau chaude sur les feuilles jusqu'à ce que la théière déborde. On dépose le couvercle et on vide encore un peu d'eau sur la théière. Pendant que les feuilles infusent, il faut vider le pot de réserve et les tasses à sentir et à goûter de l'eau qui servait à les réchauffer.
- Une fois que le temps d'infusion a été respecté, on verse tout le contenu de la théière dans le pot de réserve afin d'arrêter l'infusion et d'éviter que le thé ne devienne amer.

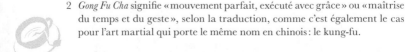

2 *Gong Fu Cha* signifie «mouvement parfait, exécuté avec grâce» ou «maîtrise du temps et du geste», selon la traduction, comme c'est également le cas pour l'art martial qui porte le même nom en chinois : le kung-fu.

- Il s'agit ensuite de remplir les tasses à sentir sur lesquelles on vient déposer les tasses à goûter. On retourne ensuite rapidement les récipients afin que ce soit les tasses à sentir qui se retrouvent sur le dessus.
- Le temps de la dégustation est alors presque arrivé. Il faut d'abord soulever les tasses à sentir pour que l'infusion se dépose dans les petites tasses à dégustation. Puis, on peut humer les tasses à sentir pour capter tous les arômes et la gamme de nuances du thé. Cela prépare également les papilles à la dégustation.
- Et maintenant, on peut plonger les lèves dans l'infusion de thé et en apprécier les saveurs.

Le Japon

Le maître de thé Sen No Rikyū (vous retrouverez une histoire le mettant en scène à la page 10), qui a vécu au XVIᵉ siècle, a beaucoup marqué la civilisation japonaise du thé et particulièrement son rituel ancestral. La cérémonie du thé japonaise (que les Japonais appellent *chanoyu*, ce qui signifie «eau chaude du thé»), tant dans l'idée qui s'en dégage que dans la pratique proprement dite de son rituel, est très complexe et paradoxale. En lien avec l'esprit Zen, la cérémonie du thé prône un abandon total du corps et de l'esprit dans les quatre valeurs de base, soit l'harmonie, le respect, la pureté et la sérénité, mais dans un contexte très rigide. Le *chanoyu* n'est pas un rituel qui se pratique à la maison, mais bien dans une maison de thé et accompagné d'un cercle restreint de personnes. L'environnement où se déroule la scène est harmonieux et d'une grande sobriété. Le jardin, par lequel les invités ont accès à la salle de cérémonie, est jonché de pierres et possède généralement un cours d'eau. Avant d'accéder à la salle de thé, il est nécessaire de se purifier. Les mains seront lavées et les pieds, déchaussés. Dans la pièce, la disposition de chaque objet est calculée, le tout est arrangé harmonieusement, l'atmosphère est sereine. On y retrouve généralement un bouquet de fleurs, l'estampe d'un paysage, une calligraphie et une céramique, le tout étant modifié au gré des saisons selon le juste goût.

Le *chanoyu* consiste en une succession de gestes très minutieux que l'on effectue avec des ustensiles précis. Le «maître» procède au cérémonial devant les invités. Tout d'abord, le bol de céramique

(*chawan*), le fouet (*chasen*) et la spatule (*chashaku*) de bambou sont nettoyés. Ce sont des ustensiles utilisés pour la préparation du thé vert matcha, puisque c'est celui que l'on utilise pour le rituel. La deuxième étape consiste à mesurer la poudre de thé prélevée dans la boîte (*natsume*) et à la déposer dans le bol. Puis, avec la bouilloire en fonte (*kama*), on y ajoute l'eau nécessaire. L'eau sera plus tiède que chaude afin de ne pas abîmer le délicat produit. Enfin, le thé est fouetté selon l'usage. L'ambiance reste calme et détendue afin de prédisposer les convives au moment de la dégustation. Celle-ci est également dictée par un nombre important de règles d'usage, après quoi les ustensiles sont de nouveau nettoyés. Véritables œuvres d'art (en particulier le bol de céramique), ils seront ensuite admirés par les invités, puis récupérés par l'hôte. Les salutations concluent finalement le rituel du thé japonais. Et c'est ainsi que l'on peut affirmer que le *chanoyu* tient du paradoxe : de lui émane une pureté et un raffinement esthétique qui entraîne une sérénité, alors que le tout se déroule selon des codes excessivement rigides. Le *chanoyu* serait, paraît-il, à l'image de l'esprit japonais.

Ce rituel est toujours pratiqué de nos jours, mais plus rares sont ceux qui se dévouent à l'apprentissage de ces gestes sacrés chez la jeune génération. Il en est de même pour la simple infusion de thé. Quoique le thé demeure la boisson la plus consommée par les Japonais, il prend de nouveaux visages. Le rythme de vie effréné dirige davantage les jeunes vers des boissons instantanées, souvent préembouteillées. Le café gagne aussi de plus en plus de terrain au pays du soleil levant. Mais l'infusion de thé est une habitude qui perdure. Les Japonais boivent généralement du thé vert, mais depuis une ou deux décennies, ils ont également adopté les thés oolong et noirs (spécialement les Darjeeling). De plus, un nouveau rituel s'est créé, celui-ci infiniment moins rigide que le *chanoyu*. En effet, le *senchado* (ou «voie du sencha») est en quelque sorte une réponse au rituel ancestral et il privilégie la dégustation en tant que telle plutôt que les codes. Il alimente les échanges dans un esprit simple et convivial.

L'Angleterre

Les Anglais, reconnus pour leur dent sucrée, ont rapidement adopté le thé. Ils l'apprécient généralement assez corsé, mais avec un peu de

sucre ou, à tout le moins, accompagné de petites douceurs. Le rituel, aujourd'hui ancré dans le quotidien de toutes les couches de la société, était à l'origine l'apanage de la bourgeoisie.

Au départ, le thé était surtout consommé par les femmes. Après les soupers en société, les hommes se retiraient pour discuter et partager vins, portos et xérès, tandis que les femmes restaient entre elles et bavardaient autour d'un thé. Au quotidien, elles le prennent aussi en après-midi. Vers la fin du XVIIIe siècle, les hommes partent travailler toute la journée. On ne prend donc que deux repas à la maison : déjeuner et souper. Ainsi, les femmes se visitent en après-midi et en profitent pour se restaurer afin de patienter jusqu'au souper. Ensemble, elles prennent le thé, qu'elles servent dans de jolis services de porcelaine peinte et qu'elles accompagnent d'une collation froide et de petits gâteaux. C'est d'ailleurs cette habitude qui donnera naissance au fameux *five o'clock tea*, instauré par la duchesse de Bedford.

Les décennies qui suivent voient s'allonger les heures de travail et ainsi, retarder l'heure du repas du soir. Le « rituel » du *five o'clock tea* se propage alors dans une plus grande proportion de la population anglaise, la bourgeoisie d'affaires le pratiquant aussi.

Bien que cette époque soit maintenant révolue, le thé occupe toujours une place de choix dans le quotidien britannique. Il est clair que tous les Anglais ne sont pas attachés au thé de la même façon et que certains lui préfèrent le café. Reste que les habitudes sont bien ancrées et que plusieurs moments de la journée sont, encore aujourd'hui, propices à la dégustation d'une bonne tasse de thé. À commencer par le *early morning tea*, que l'on boit à peine sorti du lit. Puis, vient le *breakfast tea* qui accompagne bien entendu le déjeuner. Au travail, on s'arrête pour un *tea break* pour se raplomber, une pratique héritée, selon toute apparence, des milieux industriels et militaires. Viennent ensuite les *five o'clock tea* et *high tea*, ce dernier pouvant d'ailleurs remplacer un repas du soir tardif. Ces infusions sont dépourvues de rituels rigides et sont simplement des moments de convivialité et de ressourcement. De même, il n'y a plus de véritables façons de faire. Chacun boit son thé comme il l'entend. Mais les thés plus corsés se prennent d'habitude en début de journée pour s'adoucir au fil des heures.

L'Inde

Au départ, la relation que l'Inde entretient avec le thé est une relation mercantile et non de consommation. En effet, les Anglais avaient implanté le commerce du thé en Inde (qui était alors une colonie britannique) afin d'en tirer profit. Ainsi, ils pouvaient subvenir au besoin national en perpétuelle croissance et s'attribuer le premier rang des exportateurs mondiaux. À cette époque, la main-d'œuvre était indienne, mais elle ne consommait pas le thé. Il aura fallu attendre le XXᵉ siècle pour que l'Inde se mette au thé et depuis, elle en a fait sa boisson de prédilection. Les Indiens sont de grands amateurs de *chai* (c'est ainsi qu'ils nomment le thé), mais ils ne se soucient guère de la qualité puisqu'ils l'aromatisent. Ils utilisent un thé noir de moindre qualité qu'ils préparent, le plus souvent, par décoction. À ce liquide bouillant, ils ajoutent du sucre, du lait et des épices variées — cannelle, clou de girofle, gingembre, cardamome, poivre noir, etc. (Vous trouverez une recette de *chai* à la page 117.) Si vous commandez du thé en Inde, c'est ainsi qu'on vous le servira. Si vous souhaitez boire votre thé nature, il faut le demander «à l'européenne».

On raconte souvent qu'en sol indien, on sert le thé dans de petits bols de terre cuite. Il n'en est plus ainsi aujourd'hui. Cette habitude était liée au système des castes, très rigide, qui hiérarchise toujours le peuple indien. Les membres des castes (surtout ceux des castes supérieures tels les brahmanes, dont sont issus les prêtres et qui constituent la plus haute caste chez les hindous) ne souhaitaient probablement pas souiller leurs lèvres en utilisant une tasse ayant déjà servi à un Intouchable. Ils buvaient donc dans de petits récipients de terres cuites qu'ils brisaient au sol lorsqu'ils avaient terminé leur thé. Dans tous les cas, cette habitude n'est plus répandue aujourd'hui. Les Indiens sont très minimalistes dans leur manière de servir le thé. Ils utilisent des ustensiles rudimentaires tant dans la préparation que dans la dégustation de leur *chai*. Ils le consomment simplement dans de petits verres de plastiques ou de carton, ou, plus communément, dans des verres en acier inoxydable sous lesquels ils déposent une espèce de soucoupe aux bords un peu hauts. Ainsi, ils font couler le thé du verre à la soucoupe, et inversement, afin de bien mélanger sucre et épices, mais surtout afin de le refroidir et de pouvoir le consommer immédiatement.

Les Indiens boivent le thé en tous lieux et à tout moment, surtout les hommes. Les femmes le prennent davantage à la maison et elles le préparent avec beaucoup de soin pour les invités, ce qui constitue un geste de politesse et de convivialité.

La Russie

Le thé a fait son entrée en Russie au cours du XVIIe siècle. Les Russes sont de réels fervents de thé noir, quoiqu'ils consomment aussi du thé vert à l'occasion. Ils utilisent un samovar et ainsi, chacun prépare sa boisson selon son propre goût. Le samovar (ou *samovarit* en russe, ce qui veut dire «qui bout par soi-même») est un ustensile d'une très grande beauté ayant été inventé au XVIIIe siècle et qui fait, en Russie, office de bouilloire. Traditionnellement, les samovars chauffaient l'eau au charbon ; aujourd'hui, ils fonctionnent généralement à l'électricité. Et la théière, joliment peinte et disposée sur le samovar, contient le *zarvaka*, un thé extrêmement concentré et obtenu par décoction des feuilles (voir p. 40). On verse d'abord une petite quantité de *zarvaka* qui sera par la suite diluée avec l'eau du samovar, gardée à la température idéale : ainsi, chacun est libre de préparer son breuvage comme il le souhaite.

Le thé ponctue la vie sociale de la communauté ; il est présent tant dans les rencontres familiales que dans les rendez-vous d'affaires. Les Russes le boivent à toute heure du jour ; il accompagne la nourriture et les échanges, et sert aussi à contrer le froid qui règne en hiver. Certains le prennent nature, mais la plupart préfèrent y ajouter du miel ou du sucre en cristaux, qui ne se dilue pas dans la boisson, mais fond dans la bouche à mesure de la dégustation. D'autres, plus rares, préfèrent la confiture de fruits rouges qu'ils mangent à la petite cuillère tout en sirotant leur thé. L'ajout d'agrumes (orange, citron, pamplemousse) ou de bergamote est, quant à lui, assez commun. D'ailleurs, certains mélanges déjà préparés et prêts à être infusés sont vendus avec l'inscription «à la russe» sur l'emballage. Ce sont généralement des thés noirs auxquels on a ajouté des morceaux d'agrumes séchés. Les Russes aiment accompagner leur dégustation de pain et de beurre, ou encore mieux, d'une collation sucrée, par exemple un morceau de tarte ou un petit sablé.

Le Maroc

Le thé fait son apparition au Maroc au cours du XIXe siècle. Le thé vert à la menthe, connu et apprécié partout dans le monde, se prépare généralement avec du thé Gunpowder additionné de menthe et de beaucoup de sucre (il peut aussi être aromatisé à la fleur d'oranger, à l'eau de rose ou à d'autres saveurs). Au Maroc, contrairement à la Chine et au Japon, la cérémonie du thé est une pratique qui s'observe chez l'habitant. Son symbolisme est cependant à l'image des autres cultures : il est signe d'ouverture, de partage et de politesse à l'égard des convives. On boit aussi le thé en guise de rafraîchissement puisque la chaleur, au Maroc, est souvent écrasante. Il peut sembler paradoxal de prendre une boisson chaude pour se rafraîchir, mais il n'en est rien : boire le thé augmente légèrement la température corporelle et ainsi, l'air ambiant paraît par la suite plus supportable.

La cérémonie du thé marocaine diverge selon qu'elle se déroule dans un milieu urbain ou rural. En ville, elle est souvent plus bourgeoise et l'accent est par conséquent davantage mis sur le côté esthétique du rituel. La théière sera d'une beauté éclatante, les petits verres à thés, ornementés. De même, on disposera de chacun des éléments nécessaires à la confection du thé sur un plateau d'argent et la boisson sera préparée devant les convives. Dans un premier temps, l'hôte rince la théière à l'eau bouillante afin de la laver, mais aussi de la réchauffer. Puis, il y dépose les petites billes de thé et les feuilles de menthe, sur quoi il verse de l'eau. Il mélange vivement et jette cette première eau. Il ajoute alors le sucre aux feuilles ébouillantées et verse de l'eau une deuxième fois pour laisser la préparation infuser quelques minutes. Passé ce temps, la boisson est prête à être consommée. L'hôte verse donc le thé dans les verres, dans un geste qui permet de l'oxygéner (c'est pourquoi il élève la théière très haut dans les airs), de manière à en développer davantage les arômes. Le thé peut être servi avec des pâtisseries. En revanche, à la campagne ou dans des milieux plus rudimentaires, le thé vert à la menthe sera préparé en décoction et avec des outils un peu moins sophistiqués. La valeur symbolique du thé, cependant, n'en est pas différente. Au fil du temps, la cérémonie du thé marocaine s'est propagée dans plusieurs autres pays du Maghreb. Les habitudes et modes de préparation y sont sensiblement les mêmes.

Le Sahara

Le rituel du thé est également bien établi chez les Touaregs, peuple nomade du Sahara, qu'on nomme également «hommes bleus» en raison de leur chèche, d'un bleu très foncé, qui déteint sur leur peau avec le temps. Pour les Touaregs, la cérémonie du thé est le moment de se désaltérer, mais aussi de faire preuve d'hospitalité envers un étranger de passage. D'ailleurs, celui qui refuse le thé est, à leurs yeux, impoli, voire malhonnête. Dans les caravanes, on prépare le thé par décoction, sur la braise. On utilise un thé vert chinois auquel on ajoutera une quantité considérable de sucre, du fait qu'on l'infuse très fort. On l'aromatise de feuilles de menthe ou non. On sert le premier thé, lequel sera dilué par deux fois. On boit ainsi toujours trois thés, de plus en plus doux. Il existe un très joli dicton touareg qui illustre ce rituel du thé : «Le premier thé est amer comme la vie, le second, fort comme l'amour, et le troisième, doux comme la mort.»

Le Tibet

Au Tibet, ce sont davantage les moines qui perpétuent actuellement la tradition du thé. Ils le préparent avec grand soin et ne le consomment jamais avant d'avoir préalablement récité une prière d'offrande. On sert également le thé en guise de bienvenue aux étrangers. On y prépare la boisson avec du thé vert en brique, que l'on pile et que l'on infuse par décoction. Puis, on l'apprête à la façon typiquement tibétaine, c'est-à-dire en y ajoutant du lait ou du beurre de yack (bovidé que l'on retrouve au Tibet) et du sel. On le sert dans des tasses en bois et on aime le déguster avec une galette de haricots ou, mieux encore, avec du *tsampa*, un plat à base de farine d'orge grillée. Pour préparer ce dernier, on dépose de la farine dans un bol, à laquelle on ajoute un peu de thé au beurre. Puis on mange avec les doigts. Simple, mais très nutritif.

Taïwan

Quoique perçu par la nouvelle génération comme «dépassé», le rituel du thé perdure malgré tout à Taïwan, où il est synonyme de partage et d'hospitalité. On y consomme toujours du thé vert, nature, de même que du thé oolong, particulièrement prisé des Taïwanais. On y trouve de très bons crus. D'ailleurs, les Britanniques appellent les thés taïwanais les «champagnes» du thé. On y pratique aussi la méthode du *gong fu cha* (voir p. 64), héritée de la culture chinoise.

À la **maison**

Ce survol des habitudes propres aux différentes civilisations du thé vous donne peut-être envie de pratiquer vos propres rituels… Mais comment s'y prendre et, surtout, par où commencer? L'achat d'une théière adéquate est un bon point de départ. Quant au reste, optez pour la simplicité! Les règles qui suivent sont des points de repère utiles, mais elles ne doivent pas alourdir votre séance de dégustation, et ainsi vous priver du plaisir de vous y adonner. Ce qui importe, c'est que vous appréciiez l'expérience: vous la répéterez ainsi plus souvent.

Les théières

Il existe une variété étonnante de théières sur le marché. Sur quoi faut-il se baser pour effectuer un bon achat? Tout d'abord, sachez que la théière parfaite n'existe pas. Elles ont toutes leurs avantages et leurs inconvénients. Une théière efficace, cependant, en est une qui conserve bien sa chaleur. Il peut être intéressant de se procurer plusieurs théières. Ainsi, chacune est réservée à un usage particulier et les thés plus corsés ne risquent pas de teinter le goût des infusions plus délicates. Si vous prévoyez n'acheter qu'une seule théière cependant, optez de préférence pour une théière en faïence ou «glacée» à l'intérieur, puisque celles-ci gardent moins les saveurs. Vous pourrez ainsi utiliser plusieurs sortes de thé (et même des thés aromatisés) sans que le goût de chacun ne soit contaminé. Quant aux théières poreuses, elles conviennent davantage aux thés foncés. Avec le temps, une couche de tanins recouvrira sa surface intérieure (on dit alors que la théière «se culotte»), ce qui bonifiera la saveur des infusions. La liste qui suit vous offre une présentation détaillée de chaque type de théière.

■ LA THÉIÈRE YIXING: Véritable classique, la théière *yixing* est faite de terre cuite et provient d'une ville de la province du Jiangsu, située sur la côte est de la Chine, qui lui a donné son nom. C'est cette théière que l'on appelle aussi «théière à mémoire», à cause de sa porosité. Lors de son utilisation, elle devient très chaude et ses particules se dilatent, ce qui permet aux tanins de s'incruster dans sa paroi interne. Au fil du temps, un dépôt se forme et change ainsi les nuances de chaque thé que l'on y infuse. Ces thés, à leur tour, y laisseront leur marque, et ainsi de suite. Si bien qu'après l'avoir employée très longtemps, il est possible de faire ressurgir la mémoire de la théière, et d'avoir en bouche le goût du thé, en n'y mettant que de l'eau très chaude, sans feuilles. La marque laissée par les tanins peut en repousser certains: si sa présence peut sembler contrevenir aux règles d'usage d'un monde aseptisé en matière d'hygiène, elle n'est en réalité pas nocive du tout. En fait, elle bonifie les thés qui y sont infusés. Ceci exige cependant que l'on emploie cette théière spécifiquement pour une famille de thé. Elle sied bien aux thés oolong, aux thés noirs et aux pu'er. Son utilisation, à l'origine, n'était destinée qu'à la Chine, mais une sollicitation européenne a motivé son exportation. Fait intéressant: toutes les théières *yixing* sont modelées à la main, pièce par pièce, ce qui participe certainement à leur renommée. (Voir photo à la page 140.)

■ LA THÉIÈRE KYUSU: Originale, la théière *kyusu* se distingue des autres par son allure particulière. Sa poignée se trouve sur le côté, ce qui lui confère un aspect un peu ludique et facilite grandement sa manipulation. Très jolie, même élégante, la théière *kyusu* est faite d'argile cuite, quoiqu'on en retrouve également en d'autres matériaux (faïence ou verre). De fabrication japonaise, elle convient parfaitement au thé des terroirs de son pays d'origine. On dit qu'elle en relèverait les délicates saveurs, et son filtre au grillage très fin ne laisse pas les feuilles de thé japonais — souvent coupées ou hachées, contrairement aux thés chinois qui sont simplement roulés — s'échapper lorsque l'on verse l'infusion. (Voir photo à la page 140.)

■ LA THÉIÈRE EN PORCELAINE, FAÏENCE, OU CÉRAMIQUE ÉMAILLÉE : Idéales pour un premier achat, ces théières sont très polyvalentes. Elles conviennent à toutes les familles de thé et peuvent servir à différents types d'infusion sans risque de contamination des saveurs puisque leur paroi interne est glacée. Elles ne corrompront donc pas les thés délicats, comme les thés blancs. Elles sont aussi généralement très coquettes — joliment peintes ou plus neutres, de couleur blanche ou crème — et font par conséquent un élément de décoration raffiné. Bref, un bon investissement de départ !

■ LA THÉIÈRE EN FONTE ÉMAILLÉE : Un peu à l'image de celles qui précèdent, la théière en fonte, d'origine chinoise, convient à différents usages. Elle n'est pas recommandée pour les thés plus raffinée cependant. Son principal avantage tient à ce qu'elle garde les infusions au chaud très longtemps. Vernissée à l'intérieur, elle ne rouille pas et est simple d'entretien. (Voir photo à la page 138.)

■ LA THÉIÈRE EN MÉTAL : Son utilisation a commencé au cours du XVIIIe siècle et elle continue à être largement employée au Moyen-Orient, entre autres pour préparer le délicieux thé vert à la menthe. Ravissante, elle ne convient cependant pas à toutes les infusions. Elle communique au thé un goût particulier, métallique, qu'on ne détecte pas bien lors d'une dégustation de thé à la menthe parce que celui-ci est aromatisé et très sucré. À éviter lors de la préparation de thés plus délicats.

■ LA THÉIÈRE EN VERRE : Elle s'apparente aux théières en porcelaine en raison de sa polyvalence et convient donc, elle aussi, à tous les types de thés. De plus, la majorité des théières en verre ont un filtre intégré et rétractable, ce qui améliore la précision de l'infusion. Petit défaut toutefois : son matériau ne conserve pas très bien la chaleur. Mais sa transparence rachète aisément cet inconvénient, puisqu'elle ajoute au rituel un plaisir esthétique. Avant de goûter à la liqueur qu'il prépare, le dégustateur peut en effet d'abord s'extasier devant le processus d'infusion, devant les feuilles qui, en s'épanouissant, teintent joliment l'eau. Le verre convient donc parfaitement aux thés qui ont été façonnés et qui offrent un véritable spectacle lors de leur déploiement dans la théière.

■ LE ZHONG: Le mot *zhong* est utilisé en cantonnais[3] à la fois pour désigner le récipient (sorte de petite théière à portion individuelle) et la technique d'infusion. Le *zhong* apparaît en Chine sous la dynastie des Ming et son utilisation est encore très répandue aujourd'hui. Il consiste en une soucoupe, un bol et un couvercle, lesquels représentent la terre, l'homme et le ciel. Le revers du couvercle est utilisé pour sentir les arômes du thé, afin de s'en imprégner avant la dégustation, laquelle se fait dans un *cha hai* (petite tasse ou bol dans lequel on boit l'infusion). On verse donc tout d'abord l'eau chaude dans le *zhong*, dans lequel on a préalablement déposé les feuilles de thé. On attend le temps indiqué pour l'infusion, on verse le thé dans le *cha hai* et on déguste. Cet ustensile sert aux infusions multiples, il est donc idéal pour les oolong, mais il sied également aux thés blancs et verts. (Voir photo à la page 138.)

■ LE SERVICE À THÉ: Le service à thé n'a fait son apparition qu'au XVIIIe siècle. Avant ce temps, les pièces étaient dépareillées et ce n'est donc qu'à cette époque que l'on voit apparaître tasses et théières assorties, auxquelles s'ajoutent peu à peu d'autres couverts, comme le sucrier et le pot à lait. Idéal pour un thé «à l'anglaise».

TRUCS ET ASTUCES:

▶ *Lors de l'achat d'une théière, il est préférable de ne pas la choisir trop grande, de façon à ce que les feuilles puissent offrir leur plein potentiel de saveurs.*

▶ *Optez aussi pour une théière que vous avez de la facilité à manipuler. Cela rendra vos dégustations plus agréables.*

▶ *Renseignez-vous auprès de votre marchand de thé. Il saura guider votre choix en fonction de vos goûts et de vos besoins.*

▶ *Laisser un morceau de sucre dans votre théière lorsque vous ne le l'utilisez pas permet de l'empêcher de développer des odeurs (et donc des goûts) désagréables.*

▶ *Il ne faut jamais laver la théière avec du savon à vaisselle, surtout si elle est poreuse. La rincer simplement à l'eau chaude*

---

3 Le *gaiwan* est son pendant mandarin.

suffit amplement. Il est normal qu'une couche brunâtre se dépose sur les parois internes. Ce sont les tanins et il ne faut pas les faire disparaître. Si, cependant, l'accumulation se fait trop importante ou si, simplement, elle vous rebute, frottez l'intérieur de votre théière avec du gros sel afin de retirer l'excédant de dépôt.

Les autres ustensiles

Comme vous l'avez remarqué, certaines théières sont déjà munies d'un filtre. D'autres, par contre, ne le sont pas. Vous devrez donc vous procurer un filtre à part. Il en existe différents modèles. (Voir photo à la page 139.)

- PETITE PASSOIRE À THÉ: Aussi appelée «passe-thé», il s'agit d'un petit outil que l'on dispose sur la tasse lorsqu'on verse le thé, afin de retenir les particules solides. C'est une façon de faire intéressante puisque cela permet aux feuilles de thé de s'infuser librement dans la théière. Il s'agit là de la meilleure méthode d'infusion. Il est cependant préférable d'utiliser de petites théières, puisqu'on ne peut alors interrompre l'infusion qu'en la versant en entier dans un autre récipient.
- BOULES ET CUILLÈRES À THÉ: Il s'agit ici d'insérer les feuilles à thé dans la boule ou la cuillère (ou pince) à thé, de manière à les emprisonner. C'est une méthode rapide et efficace, mais elle n'est pas recommandée, surtout lorsqu'il s'agit de thés délicats. Les feuilles, à l'étroit et compressées dans ces petits outils, ne peuvent pas s'infuser complètement et dégager tout leur potentiel de saveurs. Pour préparer une seule tasse de thé, cependant, ces petits outils sont pratiques.
- FILTRE EN TEXTILE: La meilleure façon de procéder demeure l'utilisation d'un filtre en textile qui prend un peu la forme d'un bas. Il en existe de toutes tailles de manière à s'ajuster à la théière. Les feuilles ont ainsi tout l'espace pour s'infuser et développer leur goût et quand vient le temps d'arrêter l'infusion, on retire simplement le filtre.

La méthode
d'infusion

L'eau

Il existe plusieurs écoles de pensée en ce qui concerne l'eau à utiliser pour les infusions. Lu Yu, dans son traité sur le thé, préconisait l'eau pure des montagnes. Évidemment, cela n'est pas accessible à tous. Certains diront tout de même de prendre l'eau la plus pure qui soit, afin de donner toute la place aux délicats arômes du thé. D'autres, par contre, avouent préférer l'eau du robinet et disent que celle-ci confère au thé caractère et minéraux. Choisissez la théorie que vous préférez, mais la dernière, en plus d'être intéressante, à l'avantage d'être simple d'application… et peu coûteuse ! Si c'est également votre préférée, optez toutefois pour de l'eau fraîchement tirée du robinet et faites-la couler froide dans la bouilloire.

La température de l'eau et la durée de l'infusion

De tous les critères, le temps d'infusion est le plus important. Une infusion trop longue engendrera une liqueur amère tandis que trop courte, elle empêchera les feuilles de développer toutes les nuances de leurs saveurs. La température de l'eau aussi importe beaucoup. Il ne faut pas verser d'eau trop chaude sur les feuilles, car celles-ci brûleront et l'infusion perdra en délicatesse. Dans l'incertitude, préférez une eau moins chaude que trop. Il est même possible d'infuser des feuilles à l'eau froide. Cela prend plus de temps, mais le goût en est souvent légèrement changé (un peu plus sucré) et les feuilles gardent toutes leurs propriétés. La température de l'eau et la durée de l'infusion sont deux critères difficiles à maîtriser, d'autant plus qu'ils varient en fonction des types de thé. Pour se simplifier la tâche, on peut avoir recours à une bouilloire qui indique la température. Il est ainsi plus simple d'obtenir

une eau exactement à la température souhaitée. Pour le reste, il s'agit de cas par cas, mais voici tout de même certains barèmes qui sauront vous guider en ce qui concerne le temps d'infusion ainsi que la température idéale pour chaque famille de thé :

▸ Thés blancs : 5 à 7 minutes / 65 à 85 °C
▸ Thés jaunes : 4 à 5 minutes / 75 à 80 °C
▸ Thés verts : 3 à 4 minutes / 70 à 85 °C
▸ Thés oolong : 4 à 5 minutes / 95 °C
▸ Thés noirs : 3 à 5 minutes / 85 à 95 °C
▸ Thés pu'er : 4 à 6 minutes / 90 à 95 °C

Marche à suivre

Il existe évidemment plusieurs méthodes d'infusion, considérant la popularité du thé à travers le monde et la variété des peuples qui le consomment. Nous en avons jusqu'ici présenté deux, soit le *gong fu cha* et l'infusion avec le *zhong*. Nous vous en proposons une troisième, toute simple. Voici comment, en quelques étapes, on obtient un bon thé à partir d'une infusion classique à la théière :

- Dans un premier temps, il faut réchauffer les ustensiles. On remplit donc la théière avec de l'eau chaude et on en mouille également l'extérieur. Puis, on jette cette eau.
- On dépose ensuite les feuilles de thé dans la théière, lesquelles profiteront de cette chaleur pour libérer leurs premières huiles. Aussi, elles ne seront pas choquées par la suite par une chaleur trop agressive. Normalement, il faut compter une cuillère à thé comble par tasse d'eau (250 ml). N'oubliez pas le filtre si votre théière n'en dispose pas déjà d'un.
- Puis, on verse l'eau chaude (mais pas trop !) sur les feuilles et on laisse infuser le temps nécessaire (si vous ne le connaissez pas, consultez les critères ci-dessus). Si vous souhaitez réduire la concentration en caféine, laissez infuser les feuilles quelques secondes, jetez cette première eau et procédez ensuite à la véritable infusion. La plus grande partie de la caféine du thé se dissipe assez rapidement.

- On fait cesser l'infusion soit en retirant le filtre, soit en transvidant complètement l'infusion. Si vous êtes seul à consommer le thé et qu'il en reste encore dans la théière, vous devez quand même le verser dans un autre récipient (pot de réserve) sans quoi l'infusion va se prolonger et donner un goût amer et désagréable à la boisson.
- Dégustez votre thé! Appréciez-en les saveurs, mais également la pause qu'il vous ordonne.

Pour la conservation du thé

Pour conserver vos feuilles de thé le plus longtemps possible, veillez à les écarter de : la chaleur, la lumière, l'humidité et les odeurs ambiantes. Rangez-les dans une boîte spécialement conçue pour le thé (opaque et, le plus souvent, en acier inoxydable) et déposez-la dans une armoire qui ne contient ni épices ni café ni quelconque aliment qui dégage de forts parfums.

L'heure **du thé**

Les accords thés et mets

Comment accorde-t-on?

Les accords en cuisine ne sont pas simple chose. Savoir accorder vins, bières et mets tient d'un véritable art. Il en est tout autant pour bien harmoniser thés et plats. Alors, comment s'y prendre? Tout d'abord, lorsque l'on fait la dégustation d'un thé, tout comme avec un vin ou une bière, on analyse l'expérience sensorielle selon plusieurs facteurs. Dans le cas du thé, il s'agit, dans un premier temps, de son aspect général et des différents arômes qui s'en dégagent, c'est-à-dire de son bouquet aromatique. Puis, on évalue son équilibre, en prêtant attention à ses quatre pôles: son astringence, son amertume, son acidité et sa douceur. Par la suite, l'accorder à un plat consiste à l'harmoniser avec ses saveurs et ses textures. Le thé ne doit ni rivaliser avec lui ni se perdre dans ses saveurs (ou l'inverse). Un équilibre doit régner et de là provient toute la difficulté et la finesse de l'accord.

Les associations mets et thés empruntent généralement une des deux voies suivantes. On appelle «accord fusion» la méthode qui consiste à associer un thé avec un plat qui partage avec lui des notes aromatiques, des saveurs. L'autre favorise une association de complémentarité (on le nomme d'ailleurs «accord complémentaire») où mets et thés possèdent des bouquets aromatiques différents, mais qui se mettent en valeur mutuellement. Par exemple, des thés aux notes végétales amères ou acidulées marquées s'accorderont mieux avec des desserts très sucrés, aux fruits d'automne (poires, pommes, etc.), aux figues, aux dates, aux noix, au caramel ou à la vanille. La texture du thé est aussi un critère important lors de la dégustation et il le devient encore davantage lorsque vient le temps de l'accorder. Il met un autre sens à contribution en faisant appel au toucher et non au goût, à la vue ou à l'odorat. Un thé qui donne une impression un peu huileuse en bouche (c'est le cas de certains oolong) se mariera parfaitement avec un sablé, petit gâteau sucré et sec. Par contre, un thé plus astringent (tannique) complétera mieux un plat gras: une viande grasse ou en sauce, un fromage ou un dessert velouté.

Quelques classiques

Si vous souhaitez exercer vos papilles de même que votre esprit d'association, voici quelques exemples de mariages classiques entre mets et thés :

- **LE JAPON** : Au Japon, on a l'habitude de se préparer le palais
  au thé avant de le consommer. Cela vaut pour le *chanoyu* (rituel
  japonais durant lequel on déguste le matcha), mais aussi pour
  une dégustation quotidienne. Les Japonais aiment agrémenter
  leur thé d'une petite note sucrée. Pour ce faire, ils préparent
  des pâtisseries à base de haricots blancs et rouges, qui sont
  très discrètes et qui laissent par conséquent toute la place au
  thé. Ils apprécient également leur matcha avec une truffe. Elle
  fait ressortir le côté lacté et velouté du matcha en lui apportant
  un côté crémeux, de beurre, qui s'harmonise parfaitement avec
  le goût végétal et la légère amertume de ce thé.
- **L'ANGLETERRE** : Pour une dégustation « à l'anglaise », vous
  pouvez opter pour un thé Earl Grey et l'accompagner d'un
  scone, d'un biscuit ou d'un petit gâteau au goût assez neutre,
  comme un financier ou un sablé. Ils s'harmoniseront merveilleusement au goût parfumé de la boisson.
- **LES THÉS DEMI-OXYDÉS** : Les thés oolong, avant des saveurs
  souvent assez complexes, sont plus faciles à accorder,
  puisqu'on les agence à des saveurs simples. Par exemple, le
  oolong Golden Leaf possède des notes très sucrées et pourrait
  même être considéré comme un dessert. Si vous souhaitez
  l'agencer, cependant, des desserts vanillés ou acidulés aux
  notes citronnées sauront le relever : crème brûlée à la vanille
  ou aux agrumes, madeleines, madeleines au citron, etc.
- **LE THÉ VERT SENCHA** : Le sencha (thé vert japonais) est
  également fort polyvalent. Il accompagne bien les plats de
  résistance en général, surtout ceux à base de poissons et de
  fruits de mer. Il se marie tout aussi bien aux desserts à base de
  noix ou de fruits jaunes (cerises de terre, coing, mangue, etc.).
- **LE THÉ VERT AU JASMIN** : Sur d'autres notes complètement,
  le thé vert au jasmin peut accompagner des mets de porc ou
  de lapin aux fruits rouges, de même que des desserts à base
  de poires ou de vanille.
- **LES THÉS BLANCS** : Les thés blancs, quant à eux, sont plus
  difficiles à accorder. On recommande de les boire seuls pour
  ne pas perdre leurs saveurs délicates.

Recettes pour
accompagner votre thé

P ar la pluralité de ses saveurs, l'exotisme des régions productrices et les cultures qui lui sont associées, le thé est une boisson qui nous fait voyager. Mais il n'est pas nécessaire de se rendre au salon de thé pour se faire rêver : on peut transformer son chez-soi en un admirable salon de thé avec quelques recettes simples et efficaces. Choisissez les recettes qui vous conviennent, les saveurs que vous appréciez, et invitez vos amis les plus proches à tenter l'expérience culinaire du thé avec vous. Ou encore, anticiper par l'intermédiaire de vos papilles vos prochains voyages, vos dépaysements futurs. Voici donc quelques recettes qui vous donneront envie de passer à l'action !

☕ Scones classiques ☕

Voir photo à la page 144.

À l'origine de forme ronde et *plain*, c'est-à-dire ordinaire, sans saveurs ajoutées, on retrouve aujourd'hui toute une variété de scones. L'engouement qu'il a provoqué au Royaume-Uni a fait de lui un aliment accessible (on le retrouve tant dans les foyers, faits maison, qu'à la boulangerie du coin ou à l'épicerie) et polyvalent (il en existe une multitude de saveurs et dans des versions sucrées comme salées, cuisinées à base de blé, d'avoine ou d'orge). Voici donc une recette de scones classiques que vous pourrez facilement modeler à vos bons goûts ou à ceux de vos convives.

Préparation : 20 min   **Cuisson :** 10 min

Ingrédients   (12 scones)

500 ml (2 tasses) de farine (tamisée si possible)

125 ml (½ tasse) de sucre

10 ml (2 c. à thé) de poudre à pâte

190 ml (¾ de tasse) de beurre froid

1 œuf

125 ml (½ tasse) de raisins secs, de canneberges ou d'autres fruits secs

30 ml (2 c. à soupe) de lait (ou plus, si nécessaire)

Sel

Préparation

1. Préchauffez le four à 200 °C (400 °F). **2.** Tout d'abord, **faites tremper** les fruits secs dans le l'eau tiède. **Égouttez-**les et **réservez**. **3. Coupez** le beurre en petits cubes. **4.** Dans un grand bol, **déposez** la farine et formez un puits au centre. **Ajoutez-**y le sel, le sucre et la poudre à pâte. **Mélangez** bien et **ajoutez** le beurre peu à peu. **Travaillez** la pâte jusqu'à ce qu'elle devienne granuleuse. **5. Ajoutez** l'œuf et le lait, puis **mélangez**, cette fois avec une cuillère de bois. Lorsque la pâte

est homogène et élastique, vous **pouvez y ajouter** les ingrédients que vous avez choisis pour parfumer vos scones. **6. Lavez** bien, **séchez** et **enfarinez** votre plan de travail, puis **roulez**-y la pâte (au rouleau à pâte) jusqu'à une épaisseur d'environ 1 cm. **Découpez** des formes circulaires, triangulaires ou rectangulaires, selon ce que vous souhaitez obtenir. **7. Graissez** et **enfarinez** une plaque allant au four. **Déposez**-y les morceaux de pâte et **placez** la plaque au four. **8. Cuire** environ 10 minutes, ou jusqu'à ce que les scones soient dorés. **9. Retirez** la plaque du four et **déposez** les scones sur une assiette de service.

*** Dégustez avec du beurre et de la confiture. Simplement savoureux!

Usez de votre créativité en ce qui concerne les saveurs de scones: ils s'accordent aux goûts de tout un chacun et accompagnent facilement soupes, salades et boissons. Vous pouvez opter pour la version traditionnelle aux fruits secs, ou y ajouter du gingembre, du zeste de citron ou de lime, du poivre de la Jamaïque, des fleurs comme de la lavande ou de la rose, etc. Vous pouvez également choisir de les cuisiner salés (tomates séchées, olives, romarin, ciboulette, cheddar fort, etc.). Dans ce cas, vous ne mettrez qu'une pincée de sucre et une plus grosse pincée de sel qu'à l'habitude.

☕ *Daifuku* ☕

Voir photo à la page 141.

Le *daifuku* est une pâtisserie japonaise très populaire qui consiste en une pâte de riz (*mochi*) farcie de pâte de haricots rouges sucrés (*anko*). Très délicate, cette pâtisserie accompagne merveilleusement tous les thés. Ses saveurs n'étant pas trop présentes, elle laisse toute la place aux arômes délicats des infusions, et comme elle est très sucrée, elle en adoucit aussi l'amertume et, dans certains cas, l'astringence. Le *daifuku* accompagne d'ordinaire le thé vert matcha, et est utilisé au Japon pour le rituel *chanoyu*.

Préparation: Longue... aiguisez votre patience!
(Mais le résultat en vaut la chandelle.)

(au moins 12 *daifuku*)

Pour le *anko*
250 ml (1 tasse) de haricots rougessecs (*azukis*, de préférence)

500 ml (2 tasses) de sucre en poudre

Eau (au besoin)

Pour le *mochi*
250 ml (1 tasse) de *shiratama-ko*
(farine de riz gluant japonaise)

190 ml (³/₄ de tasse) de sucre en poudre

Un peu de *katakuriko* (ou de fécule de pomme de terre)

200 ml d'eau (environ ³/₄ de tasse)

Préparation

Préparation du *anko*
1. Faites tremper les haricots toute une nuit. **2.** Le lendemain, **changez** l'eau et faites cuire les haricots à feu doux durant environ une heure ou jusqu'à ce que l'eau se soit complètement évaporée. **3. Ajoutez** le sucre et **faites chauffer** dans une casserole durant quelques minutes en mélangeant avec une cuillère de bois. **4. Mélangez** la préparation au robot, puis **passez** au tamis ou au chinois. Si elle est trop consistante, vous pouvez l'allonger avec un peu d'eau. Si par la suite elle devient trop liquide, **filtrez**-la dans un linge à vaisselle propre. **5. Faites cuire** cette nouvelle préparation, plus lisse, durant quelques minutes tout en mélangeant avec une cuillère de bois. La texture doit être assez consistante, aucun liquide ne doit s'en écouler.

Préparation du *mochi*
1. Dans un bol pouvant aller au micro-ondes, **mélangez** la farine, le sucre et l'eau. Puis **fouettez** bien, de manière à ce qu'il ne reste plus de grumeaux. **2. Posez** une pellicule plastique sur le bol et faites chauffer au micro-ondes durant quatre minutes, à puissance réduite. **3. Sortez**, **mélangez** à l'aide d'une cuillère de bois et remettez au micro-ondes pour environ trois minutes, toujours à puissance réduite. **4. Sortez** et **mélangez** de nouveau, en ajoutant une petite quantité d'eau. Si la pâte est élastique et légèrement translucide, c'est signe qu'elle est prête.

Elle sera très collante. Il faudra donc y saupoudrer un peu de fécule de pomme de terre afin de rendre la tâche plus facile.

Assemblage des *daifuku*

1. Découpez de petits morceaux de pâte et **travaillez**-les de façon à former des cercles d'une épaisseur d'un demi-centimètre.
2. Déposez ensuite une cuillérée de *anko* au milieu de la pâte de riz et **refermez** bien en étirant et en faisant coller la pâte.
3. Saupoudrez de sucre. Les *daifuku* sont prêts !

*** Attention ! Il ne faut pas réfrigérer les daifuku sans quoi ils deviendront durs et immangeables. Il faut donc les consommer rapidement.

 # Biscuits sablés

Voir photo à la page 143.

Préparation : 15 min **Cuisson :** 8 min

Ingrédients   **(environ 20 biscuits)**

1 litre (4 tasses) de farine

250 ml (1 tasse) d'amandes réduites en une fine poudre

454 g (1 livre) de beurre mou

250 ml (1 tasse) de sucre brun

1 jaune d'œuf

2,5 ml (½ c. à thé) d'essence de vanille

Préparation

1. Préchauffez le four à 160 °C (325 °F). **2.** Dans un bol, **mélangez** à la mixette électrique le beurre et le sucre brun jusqu'à ce que le mélange devienne lisse. **3. Ajoutez** le jaune d'œuf et l'essence de vanille. **Mélangez** de nouveau. **4.** Dans un autre bol, **mélangez** la farine et la poudre d'amande. Puis, **ajoutez** peu à peu la farine au mélange précédent, en commençant à la cuillère de bois et en poursuivant avec les mains lorsque la pâte deviendra trop épaisse. **5. Nettoyez** un plan de travail, **enfarinez**-le et **déposez**-y la pâte. **Roulez** la pâte jusqu'à ce

qu'elle ait environ 1 cm d'épaisseur. **6. Découpez** la pâte à l'aide d'emporte-pièce de votre choix et **déposez** les morceaux sur une plaque à biscuits que vous aurez préalablement graissée et enfarinée. **7. Faites cuire** au centre du four pendant environ 8 minutes ou jusqu'à ce que les biscuits commencent légèrement à dorer.

***Attention! Les biscuits poursuivent leur cuisson un court moment après être sortis du four. Alors, surveillez bien la cuisson et ne la prolongez pas.

☕ Cake à la lime et ☕ à la noix de coco

Si vous ne l'avez jamais goûté, le mariage de la lime et de la noix de coco est complètement renversant! On retrouve parfois ce mélange savoureux dans certains desserts glacés (par exemple, en sorbet). Nous vous proposons ici un petit gâteau coco-lime. Il accompagne bien presque tous les thés, et particulièrement les thés verts, surtout les thés verts japonais, très végétaux et possédant souvent une pointe d'astringence; de même que les thés oolong, avec leur belle rondeur en bouche. Il saura aussi adoucir les thés noirs les plus corsés ou relever certains thés de moindre qualité. À éviter cependant avec les thés blancs, puisqu'il en dissimulera les saveurs raffinées.

Préparation: 15 min **Cuisson:** 50 min

Ingrédients   (environ 10 portions)

375 ml (1 ½ tasse) de farine tout usage

5 œufs (blancs et jaunes séparés)

85 ml (⅓ tasse) de lait

190 ml (¾ de tasse) de beurre mou (non salé ou demi-sel)

190 ml (¾ de tasse) de sucre

60 ml (¼ de tasse) de noix de coco râpée

Le zeste et le jus de 3 limes

5 ml (1 c. à thé) de poudre à pâte

Préparation

1. Préchauffez le four à 180 °C (350 °F). **2. Graissez** et **farinez** un moule à pain de 20 x 10 cm (8 x 4 po). **3.** Dans un bol, **montez** en neige les 5 blancs d'œufs à l'aide d'un batteur électrique. La neige doit faire des pics, mais ne doit pas être ferme. **Réservez**. **4.** Dans un cul-de-poule, **mélangez** au batteur électrique le beurre et le sucre jusqu'à ce que ce dernier soit fondu. **Ajoutez** le zeste et le jus des 3 limes, de même que les jaunes d'œufs et la noix de coco, puis **fouettez** de nouveau le mélange. **5. Mélangez** la farine et la poudre à pâte et **ajoutez**-les peu à peu au mélange précédant, sans cesser de mélanger. **6. Ajoutez** environ la moitié des blancs d'œufs en mélangeant à la plus basse vitesse. Puis, **ajoutez** l'autre moitié en pliant la pâte à l'aide d'une spatule. **7. Versez** dans le moule à pain et enfournez au centre du four pour une quarantaine de minutes, ou jusqu'à ce qu'un cure-dent inséré dans le gâteau en ressorte propre. **8. Démoulez** et **laissez** le gâteau refroidir dans une assiette avant de le couper.

*** Ce petit gâteau savoureux, aux notes exotiques, est parfait avec le thé. Si vous préférez des saveurs plus classiques, optez plutôt pour un gâteau citron-pavot: remplacez le zeste et le jus de lime par du zeste et du jus de citron et intégrez des graines de pavot à la pâte.

☕ Truffes au chocolat ☕

Les truffes au chocolat, par leur douceur et leur légère amertume, se marient merveilleusement bien aux thés. Les Japonais croquent souvent dans une truffe lorsqu'ils s'apprêtent à déguster un thé vert matcha. Elle «prépare le palais», comme on dit au Japon, et en fait ressortir le côté lacté, voire crémeux et légèrement sucré.

Préparation: 20 min **Cuisson:** 10-15 min
Réfrigération: au moins 30 min

Ingrédients (environ 25 truffes)

190 ml (³/₄ de tasse) de chocolat en morceaux

125 ml (¹/₂ tasse) de beurre mou (non salé ou demi-sel)

2 jaunes d'œufs

30 ml (2 c. à soupe) de cacao

30 ml (2 c. à soupe) de crème à 35 %

190 ml (³/₄ de tasse) de sucre en poudre

Cannelle ou poivre de la Jamaïque au goût

Enrobage: poudre de cacao, poudre de thé vert matcha, café en poudre, noisettes, amandes ou noix de Grenoble concassées, etc.

Préparation

1. Faites fondre les morceaux de chocolat au bain-marie. L'eau ne doit pas être trop chaude afin de ne pas brûler le chocolat: il fond à la température du corps. **2. Retirez** du feu et versez le chocolat dans un bol. **Ajoutez**-y le beurre, les jaunes d'œufs, le cacao, la crème, le sucre en poudre et la cannelle ou le poivre de la Jamaïque et **mélangez** bien. **3. Réfrigérez** au moins 30 minutes. **4. Faites rouler** la préparation chocolatée entre vos mains de manière à confectionner de petites boules. Puis, **plongez**-les dans l'enrobage de votre choix.

*** *Contrairement à la croyance, les truffes sont simples à réaliser. Et, en variant l'enrobage, vous pouvez plaire à tous vos convives!*

Recettes mettant
le thé en vedette

Scones, biscuits secs ou petits gâteaux qui accompagnent le thé sont bien connus. Les recettes qui ont le thé pour ingrédient le sont moins. Les pages qui suivent sont le point de départ d'une foule de recettes qu'il est possible de concocter à base de thé. Certaines sont plus traditionnelles, d'autres plus originales, et quelques-unes, très pratiques. Jetez-y un coup d'œil et, qui sait! peut-être en intégrerez-vous dans votre alimentation quotidienne ou lors de rencontres plus festives.

Plats principaux

Le thé donne souvent sa lancée aux desserts, mais sachez qu'il s'intègre également aux plats salés. Une croyance veut que manger des feuilles de thé donne des maux de ventre… mais cela n'a pas été vérifié. Nous consommons d'ailleurs les feuilles entières lorsque nous buvons un thé matcha puisqu'elles ont été réduites en poudre fine afin d'être battues à l'eau. De même, les Asiatiques conservent parfois les feuilles de thé qui ont été infusées afin de les inclure à un riz, une salade… En petites quantités, il n'est pas néfaste d'ingérer des feuilles de thé.

☕ Poulet barbecue ☕ sans barbecue

Un petit élan nostalgique des barbecues estivaux? Qu'à cela ne tienne! Avec le Lapsang souchong, un thé fumé parce que séché au-dessus d'un feu d'épicéa, vous obtiendrez un goût de fumé semblable à celui que vous retrouvez lors de vos rencontres festives, qu'elles se déroulent en camping, dans une cour arrière près d'une piscine ou un peu serrées sur un balcon citadin. Essayez-le! Vous en serez étonné.

Préparation: 30 min **Cuisson:** 30 min

Ingrédients   (4 portions)

4 hauts de cuisse

1 échalote française hachée

15 ml (1 c. à soupe) de Lapsang souchong
(ou autre thé fumé)

190 ml (¾ de tasse) de bouillon de volaille

Huile d'olive

30 ml (2 c. à soupe) de beurre (pour terminer la sauce)

Sel et poivre au goût

Préparation

1. Préparez le bouillon de volaille selon les indications s'il s'agit d'un bouillon en poudre. **Salez** et **poivrez** les hauts de cuisse. **2. Faites chauffer** un grand poêlon en fonte à feu vif. **Versez**-y un peu d'huile d'olive et **jetez**-y l'échalote hachée. **Faites-la revenir** légèrement et **déposez** les hauts de cuisse sur le côté peau. **Attendez** 2-3 minutes ou jusqu'à coloration tout en brassant l'échalote pour pour qu'elle ne brûle pas. **3. Baissez** un peu le feu et **retournez** les pièces de poulet. **Ajoutez** le bouillon de volaille et **grattez** un peu le fond de la poêle afin de récupérer les sucs. **Faites cuire** à découvert jusqu'à ce que la cuisson du poulet soit complétée (que la chair se détache facilement de l'os). **4.** Lorsqu'ils sont cuits, **retirez** les hauts de cuisse et **réservez**-les dans un four légèrement chaud afin qu'ils ne refroidissent pas. **5. Ajoutez** le Lapsang souchong au bouillon qui aura réduit et faites mijoter quelques minutes. **Passez** ensuite le bouillon au tamis. **6. Versez** ensuite dans une casserole, ajoutez le beurre et **fouettez** bien. **Rectifiez** l'assaisonnement au besoin. **7. Servir** la sauce au Lapsang souchong sur les hauts de cuisse et accompagnez d'un écrasé de panais ou autre légume racine.

*** *Une recette semblable pourrait être réalisée avec un poisson blanc à chair ferme et du fumet de poisson, auquel le Lapsang souchong apporterait sa petite touche de fumée.*

☕ Viande chevaline ☕ au thé oolong

Le thé peut rehausser les ragoûts. Il leur procure une pointe d'amertume et change des saveurs plus répandues. Et il n'y a pas que le Lapsang souchong qui rehausse les plats salés. Le thé oolong offre à la fois une délicatesse et une belle présence qui sauront se marier avec vos viandes rouges préférées.

Préparation: 30 min **Cuisson:** 30 min

Ingrédients   (4 portions)

300 à 400 g de viande de cheval coupée en morceaux
ou en languettes

250 ml (1 tasse) d'eau

30 ml (2 c. à soupe) de thé oolong

1 à 3 ml (environ ¼ à ½ c. à thé) d'assaisonnement aux cinq
épices chinoises

30 ml (2 c. à soupe) de beurre

Huile d'olive

Sel et poivre

Préparation

1. Dans une poêle à fond épais, **versez** un peu d'huile et **saisissez** à feu vif les morceaux de viande que vous aurez préalablement salés et poivrés. **2.** Une fois les morceaux de viande bien colorés, **retirez** et **réservez**. **3.** Ensuite, **égouttez** le gras de la viande sans nettoyer la poêle, puis **faites-y fondre** le beurre. Lorsque celui-ci devient brunâtre, **ajoutez** la tasse d'eau et **grattez** bien le fond de la poêle avec une cuillère de bois afin de récupérer toutes les saveurs. **Faites réduire** le bouillon. **4.** Lorsque le bouillon a réduit suffisamment, **ajoutez**-y le thé et **assaisonnez** des cinq épices chinoises, de sel et de poivre, au goût. **Laissez infuser** quelques minutes, puis **passez** au tamis. **5. Ajoutez** une noisette de beurre et faites bouillir le jus de cuisson en fouettant. **Replongez**-y les morceaux de viande pour les réchauffer et en terminer la cuisson (si les morceaux sont plus gros). **6. Servir** avec un riz vapeur et quelques légumes de saison.

***Cette recette pourrait très bien être réalisée avec de la viande de gibier ou du bœuf.

☕ Tilapia au thé vert ☕

Vous souhaiteriez manger du poisson plus régulièrement, mais vous manquez d'idées pour bien l'apprêter? Voici une recette toute simple, peu coûteuse et qui se prépare dans le temps de le dire. Conçue pour deux personnes, elle est idéale pour les «soupers de semaine».

Préparation: 10 min **Cuisson:** 20 min

Ingrédients   (2 portions)

2 filets de tilapia

5 ml (1 c. à thé) de thé vert

250 ml (1 tasse) d'eau chaude

2 carottes

Le jus d'une lime

Un petit morceau de gingembre (d'environ 2 cm)

Un peu d'aneth frais

Un peu d'huile d'olive

Sel et poivre au goût

Préparation

1. Préchauffez le four à 180 °C (350 °F). **2. Procédez** à l'infusion du thé vert: **plongez** les feuilles dans l'eau chaude, **attendez** quelques minutes et filtrez. **3. Coupez** les carottes en julienne et **râpez** la racine de gingembre. **4. Découpez** deux feuilles de papier d'aluminium et **déposez** un filet d'huile d'olive sur chacun. Puis, **disposez** quelques carottes sur une moitié des deux papiers. **5. Venez** ensuite **déposer** les deux filets de tilapia que vous aurez préalablement salés et poivrés à votre goût. **Disposez** le reste des carottes, le gingembre et l'aneth frais sur le poisson. **6. Refermez** les papiers d'aluminium de tous les côtés, en conservant une petite ouverture sur le dessus. **Disposez** les papillotes sur une plaque allant au four, puis **versez** le thé vert et le jus de lime à l'intérieur. **7. Refermez** bien les papillotes et **mettez** la plaque au four

pour environ 20 minutes ou jusqu'à ce que la chair du tilapia se défasse facilement.

*** *Vous pouvez accompagner ce repas de poisson d'un riz sur lequel vous verserez le jus de cuisson. Un écrasé de légumes racines conviendrait également. Et n'oubliez pas la petite verdure!*

Autres idées faciles

- *Pour votre prochain riz au jasmin : faites vous-même infuser du thé vert au jasmin avant de plonger votre riz à longs grains dans l'eau bouillante. Déposez vos feuilles de thé dans la casserole en même temps que l'eau froide (à raison d'environ ½ à 1 c. à thé de feuilles par tasse d'eau). Lorsque celle-ci est en ébullition, passez l'eau au tamis afin d'en retirer les feuilles de thé, puis ajoutez-y sel et huile (ou beurre) comme à l'habitude. Poursuivez la cuisson du riz en vous fiant aux indications de l'emballage.*

- *Lors de vos prochaines infusions de thés verts, conservez les feuilles et ajoutez-les à une salade froide, à un riz ou à un sauté de légumes.*

Desserts

Sorbet ananas et sencha

L'ananas apprêté en sorbet offre déjà un goût savoureux, sucré et rafraîchissant. Son mariage au thé vert sencha lui confère des notes végétales, un peu piquantes, qui sauront vous surprendre. Parfait pour un dessert estival ou en cornet pour une promenade au parc.

Préparation: 15 min Congélation: 3 h

Ingrédients   (4 portions)

1 ½ à 1 ¾ litre (6 à 7 tasses) d'ananas bien mûr

5 ml (1 c. à thé comble) de Kukamushi sencha
(ou autre thé sencha)

440 à 500 ml (1 ¾ à 2 tasses) de sucre

500 ml (2 tasses) d'eau

2 blancs d'œufs

Préparation

1. Coupez les deux extrémités de l'ananas et **pelez**-le. **Coupez**-le en quatre, **enlevez** la partie du cœur présente dans chaque quartier. **Coupez** les quartiers en morceaux. **2. Passez** les morceaux d'ananas et le thé au robot ou au mélangeur et **tamisez**. **3. Déposez** le sucre dans une casserole et **ajoutez** l'eau. **Faites chauffer** à feu doux jusqu'à ce que le sucre soit complètement dissous. **4. Ajoutez** l'eau sucrée à la purée d'ananas. **Versez** dans une sorbetière et **laissez prendre** durant au moins 3 heures. **5.** Si vous ne possédez pas de sorbetière, **mettez** simplement la préparation dans un contenant de plastique muni d'un couvercle et **déposez** le tout au congélateur. **6. Sortez** après une quinzaine de minutes et **battez** la prépa-

ration à la fourchette. **Replacez** au congélateur. **7.** Au bout de 2 heures, **ressortez** le contenant et cassez la préparation en gros morceaux. **Passez**-les au robot ou au mélangeur, puis **incorporez** deux blancs d'œufs montés en neige. **8. Replacez** au congélateur au moins une demi-heure avant de servir.

*** Si vous n'êtes pas un fan de l'ananas, vous pourriez le remplacer par des pêches.

☕ Confitures aux prunes ☕ rouges et au thé Earl Grey

Nous connaissons le mariage des fruits rouges avec certaines épices (cannelle, cardamome, clou de girofle, etc.). Essayez maintenant la fusion avec le thé Earl Grey. Sa petite touche amère et son doux parfum d'agrumes sauront réconforter vos froids matins d'hiver.

Préparation : 30 min **Cuisson :** 45 min

Ingrédients

(environ 6 pots d'une tasse (250 ml) chacun)

2 kg de prunes rouges mûres

1 litre (4 tasses) de sucre

30 ml (2 c. à soupe combles) de thé Earl Grey (ou autre thé parfumé)

Le jus d'un demi-citron

Préparation

1. Lavez, **dénoyautez** et **coupez** les prunes en gros morceaux. **2.** Dans une grande casserole à fond épais, **mélangez** tous les ingrédients. **3. Portez** à ébullition, puis **baissez** le feu. **Laissez mijoter** au moins 40 minutes, à découvert, en n'oubliant pas de **remuer** de temps à autre. **4.** Lorsque la préparation aura épaissi suffisamment, **disposez** dans des pots préalablement stérilisés.

*** *Laissez libre cours à votre imagination pour créer de nouvelles saveurs de confitures. Vous pourriez par exemple en cuisiner avec du thé vert : il se marie en général très bien avec les fruits jaunes ou orangés (surtout le sencha). Les thés noirs parfumés et les thés oolong s'agencent quant à eux généralement mieux avec des fruits rouges.*

☕ Granité au thé vert et à la pêche ☕

Vous pouvez réaliser des granités à partir de plusieurs saveurs, pourvu que la méthode soit respectée. Alors, amusez-vous! Concoctez le vôtre à partir d'une infusion de votre choix : lavande, hibiscus, rose, etc. Aux granités à base de fruits, vous pouvez ajouter de l'alcool, des épices ou des herbes. Laissez aller votre imagination et surprenez vos invités! Très polyvalent, le granité peut à la fois accompagner une entrée, servir de trou normand ou de dessert. De plus, il est très rafraîchissant et ne contient que peu de calories.

Préparation: 10 min **Congélation:** 3-4 h

Ingrédients
(environ 1 litre)

700 ml (3 tasses) d'infusion de thé vert déjà parfumé à la pêche ou **400 g** de purée de pêches et **300 ml** (1 ¼ tasse) d'infusion d'un thé vert, si possible, au goût très végétal (la plupart des thés verts japonais)

125 à 190 ml (½ à ¾ de tasse) de sucre, au goût

Préparation

1. Faites un sirop à partir de l'infusion : **versez**-la dans une casserole avec le sucre et **portez** à ébullition. Ensuite, **retirez** du feu et **ajoutez** la purée de pêches (selon l'option choisie). **Laissez refroidir** et **goûtez** votre mélange. **Ajoutez** du sucre ou d'autres parfums au besoin (si vous ajoutez du sucre, cependant, vous devez refaire chauffer la préparation). **2. Versez** le sirop dans un plat de forme allongée, de sorte que le liquide se répartisse sur sa surface (il doit avoir une épaisseur de 2 cm tout au plus). **3. Déposez** au congélateur

et **grattez** la préparation avec une fourchette toutes les 30 minutes afin d'obtenir des cristaux. **4.** Lorsque toute la préparation est prise et qu'elle est formée de petits cristaux, le granité est prêt.

*** Vous pouvez remplacer la totalité du liquide exigée par des alcools doux, mais dans le cas d'alcools forts, vous ne pouvez dépasser les 50 ml pour une quantité totale de 700 ml de liquide. En mettre davantage troublerait la congélation et le granité ne prendrait pas.*

☕ Crème brûlée au thé ☕ oolong Golden Leaf

Le thé oolong Golden Leaf, au goût légèrement vanillé et crémeux, aromatise à merveille une crème brûlée. Vous pouvez tout aussi bien la préparer à base de thé vert au jasmin ou d'un de vos thés aromatisés préférés. De préférence un thé qui n'est pas trop amer, cependant.

Préparation: 20 min **Cuisson:** 45 min **Réfrigération:** au moins 3 h

Ingrédients (6 ramequins)

500 ml (2 tasses) de crème à 35 %

½ gousse de vanille (ou 1 c. à thé d'essence de vanille)

5 jaunes d'œufs

125 ml (½ tasse) de sucre

Un peu de sucre pour la finition

15 ml (1 c. à soupe) de feuilles de thé oolong

Préparation

1. Préchauffez le four à 170 °C (325 °F) et **assurez**-vous que la grille soit placée au centre. **2. Versez** la crème dans une casserole. **Coupez** la demi-gousse de vanille sur le sens de la longueur et **grattez**-en l'intérieur avec la pointe d'un couteau. **Ajoutez** à la crème avec les écorces et le thé oolong, puis **mélangez**. **3. Faites chauffer** la crème à basse température pour environ 5 minutes ou le temps que s'infusent le thé et la vanille. Puis,

passez-la au tamis afin d'en retirer la gousse et les feuilles de thé. **4.** Dans un grand bol, **fouettez** les jaunes d'œufs et le sucre, jusqu'à ce que le mélange devienne lisse et homogène. **Ajoutez** peu à peu la crème chaude en continuant de bien fouetter le mélange. **5. Versez** dans des ramequins. **6. Déposez** les ramequins dans un plat allant au four et **versez**-y de l'eau jusqu'à mi-hauteur des ramequins. **7. Mettez** le plat au four et **laissez cuire** environ 45 minutes. Il faut que les crèmes aient pris, mais pas complètement. **8. Retirez** les ramequins du bain-marie et **déposez**-les sur le comptoir afin de les faire tiédir avant la réfrigération. **9. Réfrigérez** les crèmes pendant au moins 3 heures. **10.** Au moment de servir, **saupoudrez** un peu de sucre sur chaque crème et **faites-les caraméliser** au chalumeau ou, si vous n'en avez pas, en les déposant au four, sous le grill. Si vous utilisez cette dernière méthode cependant, n'oubliez pas de disposer les ramequins dans de l'eau glacée.

*** Vous pouvez préparer les crèmes à l'avance. Elles se gardent facilement 48 heures au réfrigérateur. Vous n'avez qu'à procéder à la caramélisation juste avant de servir.

 # Gâteau au fromage marbré au matcha

Voir photo à la page 142.

Le gâteau au fromage est un classique pour nous, Nord-américains. Très populaire et apprécié, il s'apprête à toutes les sauces : nature, servi avec un coulis de fruits, de chocolat, de caramel, etc. Nous vous proposons ici une version toute simple, qui saura ravir tant vos yeux que vos papilles.

Préparation : 45 min **Réfrigération :** au moins 3 h

Ingrédients (12 portions)

Pour le fond du gâteau :
500 ml (2 tasses) de biscuits Graham émiettés ou d'un autre biscuit (par exemple, au beurre ou gaufrettes vanillées ou chocolatées)

85 ml (⅓ de tasse) de beurre

Pour la garniture :

3 paquets de fromage à la crème (de 250 g chacun)

375 ml (1 ½ tasse) de crème à 35 %

125 ml (½ tasse) de sucre

30 ml (2 c. à soupe) de thé vert matcha

2 sachets de gélatine liquide

Préparation

1. Faites fondre le beurre, **versez**-le dans un bol et **ajoutez**-y les biscuits émiettés. **Mélangez** avec les mains jusqu'à ce que les biscuits soient bien humectés. **Ajoutez** un peu de beurre au besoin. **2. Déposez** les biscuits humectés dans un moule à charnière (d'environ 22 cm de diamètre). **Répartissez** uniformément la préparation et **pressez**-la au fond. **Réservez** au réfrigérateur. **3.** Dans un cul-de-poule, **mélangez** au malaxeur électrique le sucre et le fromage à la crème. Puis, dans un autre bol, **fouettez** la crème à 35 %. **Ajoutez** peu à peu la crème fouettée à la préparation au fromage à la crème en pliant à l'aide d'une spatule. **Ajoutez** la gélatine liquide. **4. Prenez** environ la moitié de la préparation et **mettez**-la dans un autre bol. **Ajoutez**-y le thé matcha et **mélangez** bien. **5. Sortez** le moule du réfrigérateur. **Versez** d'abord une partie de la préparation nature dans le moule, puis une de la préparation au matcha ; **continuer** ainsi en alternant et en prenant soin de **mélanger** très superficiellement après chaque ajout à l'aide d'une spatule. **6. Réfrigérez** durant au moins 3 heures. Le gâteau doit être ferme au moment de servir. **7. Démoulez** et **disposez** sur une assiette de service. Vous pouvez également le saupoudrer de thé matcha et de quelques copeaux de chocolat blanc ou noir lors du service.

*** *Ce gâteau au fromage «nouveau genre» saura sans doute à la fois surprendre et plaire à vos convives.*

☕ Panna cotta ☕ au thé exotique

La panna cotta est un dessert apprécié de tous et, en plus, très simple à préparer. Vous pouvez y intégrer votre thé aromatisé préféré: vous le goûterez ainsi différemment. De plus, vous surprendrez vos amis avec ce classique réinventé.

Préparation: 20 min **Cuisson:** 10 min

Ingrédients **(6 portions)**

310 ml (1 ¼ tasse) de crème à 35 %

125 ml (½ tasse) de sucre

440 ml (1 ¾ tasse) de babeurre

10 à 15 ml (2 c. à thé combles) de votre thé aromatisé préféré (ex.: thé vert mangue et noix de coco)

1 gousse de vanille ou quelques gouttes d'essence de vanille

1 sachet de gélatine

Préparation

1. Préparez la gélatine selon les indications sur le paquet.
2. Versez la crème dans une casserole et **faites-la chauffer** à feu moyen. Durant ce temps, **coupez** la gousse de vanille en deux et **retirez**-en les graines. **Ajoutez** la vanille à la crème de même que le thé et le sucre. **3. Faites chauffer** en brassant jusqu'à dissolution complète du sucre. **4.** Puis, **ajoutez** la gélatine et **brassez** le mélange jusqu'à ce qu'elle se soit complètement liquéfiée. **5. Retirez** du feu et **ajoutez** le babeurre.
6. Versez la préparation dans de petites coupes à dessert.
7. Servez avec des morceaux de mangue fraîche ou un coulis de mangue.

*** *Vous pourriez aussi parfumer votre panna cotta avec un thé aromatisé à une autre saveur ou avec votre fleur à infuser préférée, par exemple la rose, la mauve ou la lavande.*

Financiers à la lavande

Le financier est un petit gâteau assez neutre, parfois aromatisé aux amandes, et un peu sec. C'est pourquoi il accompagne bien les boissons chaudes de toutes sortes de même que certains desserts glacés ou plus crémeux. Avec cette version florale, nous vous suggérons des thés oolong, noirs et des desserts simplement vanillés afin de laisser s'épanouir les saveurs raffinées de la lavande.

Préparation: 10 min **Cuisson:** 15 à 20 min

Ingrédients (40 minifinanciers)

125 ml ($^1/_2$ tasse) de farine

190 ml ($^2/_3$ de tasse) de beurre

335 ml (1 $^1/_3$ tasse) de sucre en poudre

10 ml (2 c. à thé) de fleurs de lavande comestibles (*Lavandula officinalis*)

125 ml ($^1/_2$ tasse) d'amandes en poudre

4 blancs d'œufs

Préparation

1. Préchauffez le four à 240 °C (450 °F). **2.** Dans une casserole, **faites chauffer** le beurre jusqu'à ce qu'il devienne légèrement brunâtre. **3. Retirez** la casserole du feu et **passez** le beurre au tamis. **Réservez**. **4.** Dans un grand bol, **mélangez** la farine, le sucre en poudre, la lavande et la poudre d'amande. **5. Ajoutez** les blancs d'œufs aux ingrédients secs et **mélangez**. Lorsque les œufs sont bien amalgamés au mélange, **ajoutez** peu à peu le beurre, toujours en mélangeant bien. **6. Brassez** jusqu'à l'obtention d'une pâte homogène. **7. Graissez** et **enfarinez** les moules à financiers et **déposez**-y la pâte sans les remplir entièrement. **8. Mettez** au four et laissez cuire 5 minutes, puis **baissez** la température à 180 °C (350 °F) et **poursuivez** la cuisson 10 à 12 minutes. **9. Sortez** les financiers du four et **attendez** qu'ils tiédissent avant de les manger.

*** Ces financiers se marient bien aux thés noirs en général. Vous pourriez facilement remplacer la lavande par une autre sorte de fleur (comme la rose ou l'hibiscus) ou même par des feuilles de votre thé parfumé préféré.

☕ Crème glacée ☕ au thé vert au jasmin

Le goût très parfumé du jasmin s'agence bien avec des saveurs lactées, qui rehaussent et adoucissent tout à la fois ses arômes floraux marqués. Nous vous proposons ici un coup sûr qui vous fera sans doute l'adopter dans vos desserts.

Préparation : 15 min **Congélation :** 5 h ou jusqu'à ce que la crème soit bien prise

Ingrédients (environ 8 portions)

250 ml (1 tasse) de crème à 35 %

15 ml (1 c. à soupe) de thé vert au jasmin

2 blancs d'œufs

1 petite pincée de sel

60 ml (¼ de tasse) de sucre

5 ml (1 c. à thé) d'essence de vanille

Préparation

1. La veille de la préparation, **mettez** le thé vert au jasmin dans la crème et **laissez** reposer toute la nuit au réfrigérateur. **2.** Au moment de la préparation, **battez** légèrement les blancs d'œufs en neige avec le sel. **3. Ajoutez** le sucre et l'essence de vanille en ne cessant pas de battre. **4.** Lorsque le sucre est complètement dissous, **intégrez** peu à peu la crème aromatisée, que vous aurez préalablement passée au tamis. **5. Versez** la préparation dans un plat peu profond et **déposez** au réfrigérateur pour environ une heure. **6. Sortez** et **battez** au fouet de manière à obtenir une texture légère et uniforme. **7. Placez** ensuite la

préparation au congélateur et **attendez** que la crème soit bien prise avant de déguster.

*** Cette recette, plus florale, vous changera de l'ordinaire. Vous pourriez réaliser la même recette avec un autre thé parfumé ou une tisane aux fleurs ou aux fruits.

☕ Mousse au chocolat blanc ☕ et au thé Earl Grey

Appréciée tant des enfants que des grands, la mousse au chocolat est un dessert incontournable. Cette version, cependant, est bien différente... Les amateurs de chocolat blanc l'adopteront et les autres s'y convertiront! Le thé Earl Grey, corsé et bien parfumé, s'agence merveilleusement à la douceur et au côté «très sucré» du chocolat blanc.

Préparation: 15 min (sans compter les heures d'infusion du thé) **Cuisson:** 5 min

Ingrédients (6 portions)

115 g (4 oz) de chocolat blanc grossièrement haché

30 ml (2 c. à soupe) de beurre non salé ou demi-sel

2 jaunes d'œufs

375 ml (1 ½ tasse) de crème à 35 %

125 ml (1/2 tasse) de sucre

10 ml (2 c. à thé) de thé Earl Grey

1 gousse de vanille ou 2,5 ml (½ c. à thé) d'essence de vanille

Préparation

1. La veille de la préparation de la mousse, **déposez** le thé Earl Gray dans la crème. **Mélangez** légèrement et **déposez** au réfrigérateur. **2.** Lors de la préparation, **faites fondre** doucement le chocolat blanc et le beurre au bain-marie. **Évitez** de

le surchauffer, car cela donnerait un goût amer au dessert. (Le chocolat fond à la température du corps, il n'est par conséquent pas nécessaire de mettre le feu très haut.) **3.** Lorsque le chocolat est fondu, **retirez** le bain-marie du feu et **ajoutez**-y les jaunes d'œufs en fouettant bien. **4. Déposez** au réfrigérateur pour une demi-heure environ. **5. Filtrez** la crème et **fouettez**-la avec le sucre et la vanille dans un bol que vous aurez préalablement mis au congélateur une dizaine de minutes. La crème fouettée doit être ferme. **6.** Lorsque le mélange de chocolat a refroidi, **intégrez**-y peu à peu la crème fouettée en pliant la préparation à l'aide d'une spatule. **7. Versez** dans des coupes à dessert ou des verres et **déposez** au réfrigérateur pour au moins deux heures.

*** Le chocolat noir et le chocolat au lait sont des habitués des tables festives, mais le chocolat blanc l'est moins. Osez le cuisiner en l'ajoutant à certains de vos desserts préférés !

☕ Biscuits au thé matcha et ☕ à la crème au chocolat blanc

Le chocolat blanc se marie tout aussi bien au thé vert matcha, dont il adoucit l'amertume. Ces biscuits accompagnent parfaitement une bonne tasse de thé ou, pour les plus gourmands, un petit bol de chocolat chaud amer.

Préparation: 30 min **Cuisson:** 15 min

Ingrédients   **(environ 8 biscuits)**

190 ml (³/₄ de tasse) de farine

60 ml (¹/₄ de tasse) de sucre

125 ml (¹/₂ tasse) de chocolat blanc grossièrement haché

1 jaune d'œuf

60 ml (¹/₄ de tasse) de beurre

7,5 ml (1 ¹/₂ c. à thé) de thé vert matcha

Préparation

1. Préchauffez le four à 180 °C (350 °F). **2.** Dans un grand bol, **mélangez** la farine et le thé matcha. **3. Ajoutez** le beurre coupé en petits morceaux. **Mélangez** avec les mains. Puis, **ajoutez** le sucre et le jaune d'œuf. **Mélangez** ensuite au fouet ou au batteur électrique à basse vitesse. Vous devriez obtenir une pâte épaisse et homogène. **Réservez**-la pour une période de 30 à 45 minutes. **4. Nettoyez** un plan de travail, **enfarinez**-le et **déposez**-y la pâte. **Roulez**-la jusqu'à ce qu'elle ait 1 cm d'épaisseur. **5.** Avec un emporte-pièce, **coupez** 16 morceaux de pâte et **déposez**-les sur une plaque que vous aurez préalablement graissée et enfarinée. Puis, **mettez** au four pour une quinzaine de minutes, ou jusqu'à ce que les biscuits soient légèrement dorés. **6.** Lorsque les biscuits sont cuits, **sortez**-les du four et **posez**-en huit sur leur revers, soit dans une assiette ou sur une grille. **Garnissez**-les de chocolat blanc haché, puis **déposez** un autre biscuit par-dessus. Le chocolat fondera légèrement, puis figera de nouveau.

*** Laissez-vous aller et mangez ces biscuits comme au temps de votre enfance : trempez-les dans un verre de lait et savourez-en le moelleux. Encore mieux ! Plongez-les dans une bonne tasse de thé ou de chocolat chaud fumant… la chaleur fera fondre le chocolat blanc et il deviendra coulant de nouveau. Miam !

Boissons

☕ Thé glacé ☕

Pourquoi l'acheter déjà tout préparé lorsqu'on peut le faire soi-même! D'autant plus que celui du commerce contient le plus souvent des saveurs artificielles et une tonne de sucre. La préparation du thé glacé maison est simple et il se conserve plusieurs jours au réfrigérateur. Une boisson à tenir au frigo en tout temps durant les canicules estivales.

Temps d'infusion: 1 h   **Temps de réfrigération:** 4 h

Ingrédients   (1 litre et demi)

1 litre (4 tasses) d'eau très chaude

60 ml (4 c. à soupe combles) de thé (Orange Pekoe, Karigane, sencha, ou tout autre thé de votre choix)

85 ml (⅓ de tasse) de sucre

Le jus d'un citron

Glaçons

Préparation

1. Laissez infuser le thé dans les 4 tasses d'eau très chaude durant une heure ou plus. **2. Retirez** les feuilles en passant l'infusion au tamis. **3. Ajoutez** le sucre et le jus de citron, puis **brassez** jusqu'à dissolution complète du sucre. **4. Réfrigérez** plusieurs heures et **servez** avec des glaçons.

*** Pour varier, et augmenter les bénéfices de votre thé glacé, vous pouvez l'aromatiser en y ajoutant les épices, fleurs et plantes de votre choix.

☕ Bissap ☕

On la nomme ainsi au Sénégal, où elle est très populaire, mais la boisson à base de fleurs d'*Hibiscus sabdariffa* est également très consommée dans plusieurs autres pays d'Afrique de même qu'en Amérique latine. Cette boisson, en plus d'être savoureuse et exotique, est très désaltérante... parfaite pour nos chaudes journées d'été.

Préparation: 30 min **Réfrigération:** 4 h

Ingrédients   **(un peu plus d'un litre)**

250 ml (1 tasse) de fleurs d'hibiscus

1 ¼ litre (5 tasses) d'eau

60 ml (¼ de tasse) de sucre (ou plus, au goût)

5 ml (1 c. à thé) de sucre vanillé

1 pincée de muscade

15 ml (1 c. à soupe) d'eau de fleur d'oranger (facultatif)

Préparation

1. Préparez l'hibiscus en décoction en faisant bouillir les fleurs dans 5 tasses d'eau durant quelques minutes, jusqu'à ce que l'infusion devienne très colorée. **2. Laissez tiédir**, puis passez l'infusion au tamis. **3. Ajoutez** le sucre et **mélangez** jusqu'à dissolution complète, puis **ajoutez** la muscade et l'eau de fleur d'oranger. **4. Placez** au réfrigérateur pour au moins quatre heures. **Servez** avec de la glace.

*** Vous pouvez aussi concocter des glaçons avec ce jus d'hibiscus et en agrémenter différentes boissons. Le résultat est délicieux, et très joli.

☕ Lait de poule ☕ au thé matcha

Qui ne se souvient pas, tout petit, de s'être fait servir du lait de poule, avec une infinie tendresse, par une maman ou une grand-maman câline... Nous vous soumettons ici une version «pour les grands», dans laquelle on retrouve la même douceur, toutefois agrémentée d'une légère amertume et d'un élan d'énergie.

Préparation: en un éclair

Ingrédients   (1 tasse)

250 ml (1 tasse) de lait (peut être remplacé par du lait de soya, d'amande ou de riz)

2 jaunes d'œufs

15 ml (1 c. à soupe) de sucre (au goût)

2,5 ml (½ c. à thé) de thé vert matcha (ou plus, selon vos goûts et votre tolérance à la caféine)

1 petite pincée de cannelle ou de muscade (ou les deux)

Quelques gouttes d'essence de vanille

Préparation

1. Dans un mélangeur, **versez** le lait et **ajoutez** le sucre et les jaunes d'œufs. **Mélangez** à basse vitesse jusqu'à ce que le sucre soit bien dissous. **2. Ajoutez** ensuite le thé matcha, la cannelle, la muscade, et l'essence de vanille. **Mélangez** de nouveau et dégustez.

*** *En plus d'être stimulante, cette boisson peut être prise comme déjeuner. Un délicieux moyen de commencer la journée!*

Thé vert à la menthe

Vous n'êtes pas à même d'aller visiter le Maroc? Faites donc venir le Maroc à vous... ou du moins ses saveurs. Le thé vert à la menthe est la boisson de convivialité par excellence: elle est à la fois réconfortante et rafraîchissante, donc parfaite pour toutes les occasions!

Préparation: 30 min **Cuisson:** 10 min

Ingrédients
(environ 4 petits verres à thé)

500 ml (2 tasses) d'eau

10 ml (2 c. à thé) de thé vert Gunpowder
(ou tout autre thé vert; il n'est pas nécessaire
d'utiliser un thé d'excellente qualité puisqu'il
sera aromatisé)

1 bouquet de menthe fraîche

15 à 20 morceaux de sucre

Préparation

1. Faites chauffer l'eau (elle doit être très chaude, mais elle ne doit pas bouillir). Puis, **versez**-en un peu sur les feuilles de thé, que vous aurez préalablement déposées dans une théière. **Attendez** une minute, puis **jetez** cette première eau. Cela empêchera le thé d'être amer. **2. Mesurez** 500 ml (2 tasses) d'eau et **versez**-la sur les feuilles. **Ajoutez** une bonne quantité de menthe fraîche et **assurez**-vous qu'elle soit submergée dans l'infusion. **Attendez** quelques minutes. **3. Ajoutez** les morceaux de sucre et **mélangez** bien en versant le thé dans un des verres puis en versant de nouveau l'infusion dans la théière. **Répétez** cette manipulation jusqu'à ce que le sucre soit complètement dissous. **4. Versez** le thé dans les verres en prenant soin de tenir la théière bien haut dans les airs afin d'oxygéner le thé et d'en développer toutes les saveurs.

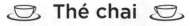

Thé chai

Voir photo à la page 137.

Essayez le thé «version indienne»! Le chai est simple à préparer et n'exige aucun ustensile précis... pas même une théière. Une simple casserole suffit. De plus, si vous ne consommez pas de produits laitiers, vous pouvez très bien le préparer avec du lait de soya, d'amande ou de riz.

Préparation: 5 min **Cuisson:** 10 min

Ingrédients   **(500 ml (2 tasses))**

250 ml (1 tasse) d'eau

250 ml (1 tasse) de lait

10 ml (2 c. à thé) de thé noir corsé (il n'est pas nécessaire de privilégier un thé noir de qualité puisqu'il sera aromatisé)

10 ml (2 c. à thé) de sucre

Épices: cannelle, cardamome, gingembre, clous de girofle, grains de poivre noirs, etc.

Préparation

1. Faites une décoction avec les feuilles de thé: **plongez**-les dans une casserole d'eau froide, **portez** à ébullition et **laissez mijoter** environ 5 minutes. **2.** Après ce temps, **ajoutez** les épices, au goût, le sucre et le lait. Puis, **portez** de nouveau à ébullition. **3. Retirez** du feu, **posez** le couvercle sur la casserole et **laissez** le tout reposer quelques minutes. **4. Passez** l'infusion au tamis pour en retirer les feuilles de thé et les épices (si entières). **Dégustez**.

*** *Parfait lorsque l'on rentre à la maison après un après-midi en plein air durant l'hiver, le thé chai, en plus d'être revigorant, est très réconfortant.*

Bubble tea aux litchis

Voir photo à la page 140.

Très populaire en Asie, le *bubble tea* est particulièrement prisé des enfants. Les perles de tapioca qu'il contient offrent une texture gélatineuse qui plaît aux plus jeunes. Si vous recevez des enfants ou des adolescents à la maison, vous les conquerrez avec cette boisson ludique et exotique!

Préparation: 30 min **Cuisson:** 20 min

Ingrédients   **(environ 2 verres)**

750 ml (3 tasses) d'une infusion de thé vert ou noir

Un peu de lait

Sucre au goût (environ 3 à 4 c. à soupe)

85 ml (¹/₃ de tasse) de perles de tapioca

335 ml (1 ¹/₃ tasse) d'eau froide

125 ml (¹/₂ tasse) de litchis

Quelques glaçons

Préparation

1. Portez l'eau à ébullition et **plongez**-y les perles de tapioca. Lorsqu'elles remontent à la surface (environ 1 minute), **baissez** le feu, **couvrez** et **poursuivez** la cuisson encore une vingtaine de minutes en brassant de temps à autre (il faut éviter que les perles collent entre elles).   **2. Retirez** la casserole du feu et **ajoutez** le sucre. **Remettez** le couvercle sur la casserole et **réservez** une vingtaine de minutes.   **3. Déposez** les perles de tapioca dans chacun des deux verres et **ajoutez** les glaçons. **4. Passez** les litchis, le thé et un peu de lait au mélangeur. **Versez** la préparation dans les deux verres contenant déjà les perles de tapioca.   **5. Ajoutez** du sucre et des fruits au goût. **Buvez** avec de grosses pailles afin qu'elles laissent passer les perles de tapioca et amusez-vous!

*** La purée de litchis pourrait être remplacée par de la purée de n'importe quel autre fruit (mangue, pêche, fraise, etc.).

☕ Chocolat chaud parfumé ☕ au thé matcha

Le chocolat chaud est la petite douceur hivernale par excellence! Parfait en tout temps, en revenant d'une randonnée de ski autant que pour accompagner un dimanche matin en pantoufles. Nous vous proposons ici une version hyper stimulante (d'ailleurs, à éviter en moment de stress) et toujours aussi délicieuse!

Préparation: 5 à 10 min **Cuisson:** 5 min

Ingrédients   (2 chocolats chauds)

625 ml (2 ½ tasses) de lait

60 ml (¼ de tasse) de crème à 35 %

90 g (3 oz) de chocolat à 70 % de cacao haché grossièrement

5 ml (1 c. à thé) de thé vert matcha

½ gousse de vanille ou 2,5 ml (½ c. à thé) d'essence de vanille

Préparation

1. Coupez la demi-gousse de vanille en deux et **retirez**-en les graines. **Déposez** la vanille dans le lait et **faites-le chauffer** à feu doux-moyen (il ne faut pas qu'il bouille). **2.** Durant ce temps, **fouettez** la crème dans un bol en verre que vous aurez préalablement mis au congélateur au moins une dizaine de minutes. La crème fouettée doit être ferme puisque le chaud liquide la fera fondre rapidement. **3.** Lorsque le lait est chaud, **plongez**-y le cacao et **brassez** jusqu'à ce qu'il soit complètement fondu. Puis, **ajoutez** le thé vert matcha. **4. Versez** dans des tasses et **nappez** de crème fouettée. **Dégustez**.

*** *Vous pouvez par la suite décorer avec un peu de poudre de thé matcha, de cacao, ou de petits copeaux de chocolat.*

Conclusion

C omme vous avez pu le constater, vaste est l'univers du thé et des infusions : sa culture et ses civilisations sont nombreuses et plurielles, son histoire, millénaire. Mais dans toute cette diversité, on retrouve quelques points communs qui en viennent presque à définir l'essence du thé et des infusions. Avant d'être des stimulants, des cures médicinales, etc., ces boissons ont été intégrées à l'univers socioculturel des sociétés qui les ont adoptées. La consommation d'infusion est, la plupart du temps, synonyme d'échange, de partage… Qu'il s'agisse de partager un repas, des idées politiques ou du simple potinage, le thé et, plus généralement, les infusions se sont intégrés aux fondements mêmes des communautés.

Pour nous, peuple nordique, consommer une boisson chaude rime généralement avec réconfort et intimité. Thés, tisanes et autres infusions sont souvent associés à des moments privilégiés durant lesquels le temps s'arrête afin de laisser toute la place à une activité de détente, à des discussions enlevantes ou au simple fait de boire une boisson de qualité, que l'on accompagne de petits bonheurs alimentaires. Ici aussi, ces boissons sont associées à la convivialité. D'ailleurs, on le consomme surtout durant la période hivernale, alors que notre corps, de même que notre vie sociale, sont mis à rude épreuve. On profite donc de leur douce chaleur qui sait nous revigorer et on invite parents et amis à se joindre à nous, question de bavarder et de partager quelques gourmandises.

Et si les plantes ont su piquer votre curiosité, je vous encourage chaleureusement à vous rendre dans les salons de thé, les boutiques spécialisées et les herboristeries. Vous ferez la connaissance d'autres néophytes comme vous, mais vous serez surtout à même de discuter avec des spécialistes. Les gens qui y travaillent sont souvent des passionnés à l'enthousiasme contagieux qui aiment diffuser leurs connaissances et partager leurs découvertes. De plus, en visitant ces lieux, vous pourrez faire d'une pierre deux coups : déguster des produits de qualité tout en approfondissant vos connaissances sur le sujet, sur vos goûts et vos besoins. Jetez donc un coup d'œil aux pages qui suivent, peut-être se cache-t-il près de chez vous un de ces établissements dont vous ne soupçonniez pas l'existence.

Les bonnes adresses à
travers la province

Beloeil
LA BOÎTE À THÉ
(Salon de thé et boutique)
78, rue Saint-Jean-Baptiste
450 281-0980

Brossard
DAVID'S TEA (Salon de thé,
boutique et boutique en ligne)
www.davidstea.com
2151, boulevard Lapinière
450 671-4848

Châteauguay
TEALUX
(Boutique et boutique en ligne)
www.tealux.ca
241, boulevard d'Anjou
514 800-2591

Chicoutimi
DAVID'S TEA (Salon de thé,
boutique et boutique en ligne)
www.davidstea.com
1401, boulevard Talbot
418 543-0440

CAFÉ CAMBIO (Salon de thé)
405, rue Racine Est
418 549-7830

Farnham
Lenvoûthé (Salon de thé)
350, rue Principale Est
450 293-2932

Gatineau
CHA YI (Salon de thé et boutique)
www.chayi.ca/accueil.html
60, rue Eddy
819 205-1830

Hudson
MADEMOISELLE CLIFFORD
(Salon de thé et boutique)
www.mademoiselleclifford.com/
Home.html
60, rue Cameron
450 202-7673

Hull
**MOORSIDE TEA ROOM MACKENZIE
KING ESTATE** (Salon de thé)
75, chemin Barnes (Chelsea)
819 827-3405

Îles-de-la-Madeleine
LE SALON DE THÉ LE FLÂNEUR
(Salon de thé)
Étang-du-Nord
1944, chemin de l'Étang-du-Nord
418 986-6526

Jonquière
CALLI-THÉ (Boutique)
2370, rue Louis Riel
418 695-5354

Kamouraska
CHOCOLATERIE LA FÉE GOURMANDE
167, avenue Morel
418 492-3030

Laval
DAVID'S TEA (Salon de thé,
boutique et boutique en ligne)
www.davidstea.com
* Carrefour Laval
3035, boulevard Le Carrefour
450 681-0776

CHOCOLUNE (Salon de thé)
274, boulevard Sainte-Rose
450 628-7188

MARCHÉ PUBLIC 440
www.marche-public440.com/
index.php/marche.html
3535, Autoroute 440
450 973-9440

Magog

L'INFUSION BOUTIQUE (Boutique)
211, rue Principale Ouest
819 868-0474

Montréal

CAMELLIA SINENSIS
(Salons de thé et boutiques)
http://camellia-sinensis.com/the

* Quartier latin
351, rue Émery
(Métro Berri-UQAM)
514 286-4002

* Marché Jean-Talon
7010, rue Casgrain
(Métro De Castelnau)
514 271-4002

UNE GRENOUILLE DANS LA THÉIÈRE
(Salon de thé et boutique)
5940, rue Saint-Hubert
(Métro Beaubien ou Rosemont)
514 227-0473

ORIENTHÉ (Salon de thé)
4511, rue Saint-Denis
(Métro Mont-Royal)
514 995-6533

FOUS DESSERTS (Pâtisserie)
www.fousdesserts.com
809, avenue Laurier Est
(Métro Laurier)
514 273-9335

L'ALCHIMISTE EN HERBE (Herboristerie)
www.alchimiste-en-herbe.com
4567, rue Saint-Denis
(Métro Mont-Royal)
514 842-6880

LA BOTTINE AUX HERBES
(Herboristerie)
www.bottineauxherbes.com/
achat/default.asp
3778 A, rue Saint-Denis
(Métro Sherbrooke)
514 845-1225

CHANOYA (Boutique en ligne)
http://chanoya.com

DAVID'S TEA (Salons de thé,
boutiques et boutique en ligne)
www.davidstea.com

* Plateau Mont-Royal
1207, avenue du Mont-Royal Est
(Métro Mont-Royal)
514 597-1117

* Côte-des-Neiges
5625, rue Paré (Métro Namur)
514 739-0006

* Pointe-Claire
6801, autoroute Transcanadienne
514 697-3331

* Centre Eaton
705, rue Sainte-Catherine Ouest
(Métro McGill)
514 284-6060

* Westmount
4859, rue Sherbrooke Ouest
(Métro Vendôme)

* Place Versailles
7275, rue Sherbrooke Est (Métro
Radisson ou Honoré-Beaugrand)
514 493-9191

TEALUX
(Boutique et boutique en ligne)
www.tealux.ca
Anjou
7500, boul. Des Galeries d'Anjou,
suite 43
514 800-2599

PÂTISSERIE DUC DE LORRAINE
(Pâtisserie et salon de thé)
www.ducdelorraine.ca
5002, chemin de la Côte-des-Neiges
514 731-4128

Otterburn Park
CHOCOLATERIE LA CABOSSE D'OR
(Chocolaterie et salon de thé)
973, chemin Ozias-Leduc
450 464-6937

Québec
CAMELLIA SINENSIS
(Salon de thé et boutique)
http://camellia-sinensis.com/the
624, rue Saint-Joseph Est
(Quartier Saint-Roch)
418 525-0247

DAVID'S TEA (Salons de thé,
boutiques et boutique en ligne)
www.davidstea.com

* Vieux-Québec
1049, rue Saint-Jean
418 692-4333

* Galeries de la Capitale
5401, boulevard des Galeries
418 624-1333

BRÛLERIE TATUM (Salon de thé)
www.tatum.qc.ca
1084, rue Saint-Jean
418 692-3900

LE CHÂTEAU FRONTENAC
(Le salon de thé)
1, rue des Carrières
418 266-3905

LA DAUPHINE REDOUTE
(Salon de thé)
Artillery National Historic Park
2, rue d'Auteuil
418 648-4205

LA MAISON DES 100 THÉS
(Salon de thé et boutique)
http://bmhconcept.com
1515,chemin Sainte-Foy
418 650-6444

AUBERGE SAINT-ANTOINE
8, rue Saint-Antoine
418 692-2211

Repentigny
EQUILIBRIUM (Salon de thé)
114, boulevard Industriel
450 581-9193

Rimouski
MAISON DE THÉ BONTÉ DIVINE
(Salon de thé et boutique)
144-1, avenue de la Cathédrale
418 722-6616

PARC NATIONAL DU BIC
3382, route 132 Ouest (Bic)
418 736-5035

JARDINS DE MÉTIS
(Activités – Thés littéraires)
www.jardinsdemetis.com/francais/
activites-thes-litteraires.php

Saint-Hyacinthe
L'HEURE DU THÉ
1700, rue Des Cascades
450 252-1245

Saint-Jérôme
AUX IMPORTATIONS INC. (Boutique)
320, rue Labelle
450 569-6066

Sherbrooke
**CENTRE CULTUREL ET
DU PATRIMOINE UPLANDS**
(Salon de thé)
9, rue Speid (Lennoxville)
819 564-0409

Sorel
SAN-THÉ IMPORTATION WATIER INC.
450, boulevard Poliquin
450 855-1988

Trois-Rivières
DAVID'S TEA (Salon de thé,
boutique et boutique en ligne)
www.davidstea.com
4225, boulevard des Forges
819 693-9333

SALON DE THÉ
(Salon de thé et boutique)
1563, rue Notre-Dame Centre
819 375-2960

GOÛTER L'INSTANT
983, boulevard du Saint-Maurice
819 841-2435

ART DE VILLE (Boutique)
http://artdeville.ca
1530, rue Notre-Dame Centre
819 694-5035

Val-David
CLEF DES CHAMPS HERBORISTERIE
(Herboristerie)
2205, chemin de la Rivière
819 322-3959 poste 333
(Réservation)

Verdun
MAISON DE THÉ CHA NOIR
(Salon de thé et boutique)
4646, rue Wellington
514 769-1242

Wakefield
RUISSEAU DU MOULIN CAFÉ
(Salon de thé)
761, Riverside Drive

Quelques sites Internet :

www.guildedesherboristes.org/accueil
(Guilde des herboristes)

www.reseau411.ca/fr/association-des-herboristes-de-la-province-de-quebec/
E108249
(Association des herboristes de la province de Québec)

www.herbotheque.com/a-propos-de-nous/l-equipe
(Herbothèque)

Remerciements

J e profite de ces dernières lignes pour remercier quelques passionnés qui ont gentiment accepté de me rencontrer afin de répondre à mes questions et de me parler simplement de leur amour du thé et des plantes. Merci, donc, à Leticia du salon de thé Une grenouille dans la théière, et à Kevin Gascoyne de la très réputée Maison de thé Camellia Sinensis. Merci aussi à Judith Letarte (l'Alchimiste en herbe) pour cette longue discussion et surtout, de m'avoir concocté cette potion magique. Merci, finalement, à Frank, Ariann et Hiroko (de la boutique Chanoya, associée à la pâtisserie) de la prodigieuse pâtisserie Fous Desserts (situće sur la rue Laurier, à Montréal. (Voir page 123 pour les coordonnées.)

Références

BEAUFORT, Bastien et Sébastien WOLF. *Le Guarana, trésor des Indiens Sateré Mawé : mythes fondateurs, biodiversité, commerce équitable*, Barret-sur-Méouge, Yves Michel, 2008, 175 pages.

BLOFELD, John. *Thé et tao. L'art chinois du thé*, Paris, Albin Michel, 1997, 278 pages.

BUTEL, Paul. *Histoire du thé*, Paris, Desjonquères, 2001, 255 pages.

CARLES, Michèle et Christine DATTNER. *Le thé et ses bienfaits*, Paris, Flammarion, 2005, 87 pages.

CATINOT-CROST, Laurence. *Le thé. Le merveilleuse histoire*, Paris, Atlantica, 2008, 184 pages.

DONZEL, Catherine, Stéphane MELCHIOR-DURAND, Alain STELLA et Kitti Cha SANGMANEE. *l'ABCdaire du Thé*, Paris, Flammarion, 1996, 119 pages.

GAUTHIER, Lydia et Jean-François MALLET. *Thés et mets, subtiles alliances*, Genève, Aubanel, 2008, 190 pages.

GEMELLI, Diana P. *Le maté. La boisson énergisante d'Amérique du Sud*, Paris, Anagramme, 2010, 71 pages.

GILBERT, Richard J. *Caffeine, The Most Popular Stimulant*, New York, Chelsea House, 1986, 154 pages.

MAISON DE THÉ CAMELLIA SINENSIS. *Thé : histoire, terroirs et saveurs*, Montréal, Les Éditions de l'Homme, 2009, 269 pages.

MARCHETEAU, Sophie. *Mes infusions au naturel*, Paris, Vigot, 2009, 127 pages.

MORANA, Jeanne. *Le chocolat : l'or noir des gourmands*, Magland, Neva, 2006, 103 pages.

NARDO, Pierrette. *Mes tisanes bien-être*, Paris, Rustica, 2010, 95 pages.

PERRIER-ROBERT, Annie. *Le Thé*, Paris, Éditions du Chêne, 1999, 128 pages.

PETTIGREW, Jane et Bruce RICHARDSON. *The New Tea Companion. A Guide to teas Throughout the World*, Perryville, Benjamin Press, 2008, 256 pages.

Les terrains montagneux offrent souvent les meilleurs thés, puisque dans ces zones, tous les besoins du camellia sont comblés. Pour en savoir plus, voir la page 17.

Les familles de thés

Thé blanc

Thé jaune

Thé noir

Thé oolong

Thé pu'er

Thé vert (sencha)

Thé vert (Gunpowder)

Pour en savoir plus, voir à la page 22.

Anciennement, on croyait qu'il y avait deux types de théiers (un type produisant le thé vert et l'autre, le thé noir), mais tous les thés proviennent en fait de la même plante, de la famille des théacées. Pour en savoir plus, voir la page 17.

Avant l'infusion, le thé forme une petite boule tressée, mais l'ouverture de celle-ci devient un véritable spectacle : la petite pelote se déploit et laisse voir une fleur en plein épanouissement.

Ce type d'infusion exige évidemment une théière en verre, puisque celle-ci permet d'apercevoir l'éclosion et ce qui en résulte.

Pour en savoir plus, voir à la page 28.

Cannelle

Romarin

On appelle «infusion» toute boisson chaude préparée à partir de plantes, qu'il s'agisse de feuilles, de fruits ou de racines. Pour en découvrir quelques variétés, voir page 39.

Rooibos

Hibiscus

Gingembre

Le Matcha est un thé d'un vert franc et réduit en poudre fine que l'on utilisait anciennement pour la cérémonie du thé. Pour en savoir plus, voir à la page 25.

Le chai, un thé traditionnel indien, est un thé noir aromatisé avec des épices. (Voir recette à la page 117.)

Prendre le thé à la maison

Il existe une variété étonnante de théières sur le marché; pour en savoir plus, voir la page 73.

Théière Yixing

Théière en argenterie

Théière kyusu

Zhong

Théière en fonte

Quelques accessoires peuvent vraiment vous simplifier la vie! Pour en savoir plus, voir la page 77.

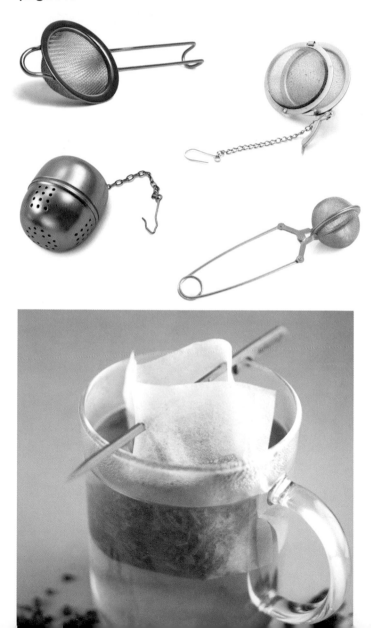

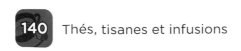

Très populaire en Asie, le *bubble tea* est particulièrement prisé. Les perles de tapioca qu'il contient offrent une texture gélatineuse qui plaît beaucoup. (Voir recette à la page 118.)

Le *daifuku* est une pâtisserie japonaise très populaire qui consiste en une pâte de riz farcie de pâte de haricots rouges sucrés. (Voir recette à la page 87.)

Le gâteau au fromage marbré au thé matcha permet de donner à ce classique des desserts un air nouveau et frais. (Voir recette à la page 105.)

Le thé à l'anglaise est souvent l'occasion de savourer des biscuits sablés. (Voir recette à la page 89.)

Les scones font partie
des incontournables
de l'heure du thé.
(Voir recette à
la page 86.)